U0923228

五彩校园文化艺术活动丛书

五彩校园

校园健身类活动指导手册

温红青 ◎编著

吉林出版集团股份有限公司
全国百佳图书出版单位

前言
PREFACE

在党和政府的要求下，长期以来，学校文化艺术活动作为学校教育教学工作的一个重要组成部分，不仅是广大青少年建立兴趣爱好和成材的重要途径，而且是学校德育工作发挥巨大作用的主要因素。营造丰富多彩的校园文化，为广大青少年开拓广阔的成材之路，这是加强素质教育的要求，也是培养青少年未来实现中国梦想的要求。

学校开展形式多样的文化艺术活动，能够使广大青少年达到开阔视野、陶冶情操、增长才智、提高素质、沟通人际、适应社会以及改善知识结构和掌握实用技能等方面的效果。在这些文化艺术活动中，广大青少年通过接受不同形式、不同内容的有益教育，能够起到潜移默化的作用，这对造就和培养有理想、有道德、有纪律、有文化、适应中国复兴和实现中国梦的新一代人才有着十分重要的作用。

因此，越来越多的学校对于开展丰富的文化艺术活动和营造浓郁的校园文化环境给予了越来越多的投入和努力，学校里的音乐队、合唱团、舞蹈队、书画社、兴趣小组等，简直琳琅满目。因此，校园文化艺术活动的组织策划与指导就显得十分重要了。这就需要坚持先进文化的正确方向，以育人为根本目标，努力发展符合实际需要、并为广大师生喜闻乐见，且具有实效的校园物质文化和精神文化体系，真正营造五彩校园的文化氛围。

为此，根据党和政府有关政策和部门的要求以及国内外最新校园文化艺术的发展方向，特别编撰了《五彩校园文化艺术活动》丛书，不仅包括校园文化艺术活动的组织管理、策划方案等指导性内容，还包括阅读、科普、歌咏、器乐、绘画、书法、美化、舞蹈、文学、口才、曲艺、戏剧、表演、游艺、游戏、智力、收藏、棋艺、牌技、旅游、健身等具体活动项目，还包括节庆、会展、行为、环保、场馆等不同情景的活动开展形式等，具有很强的系统性、娱乐性、指导性和实用性。

本套丛书适当配图，图文并茂，设计精美，格调高雅，不仅是广大学校用于开展丰富文化艺术活动的最佳指导读物，也是大中小学学校领导、教师，在校大中小学学生、研究生、博士生以及有关人员学习的最佳实用读物，还是各级图书馆珍藏的最佳版本。

目录
CONTENTS

N01.校园体育管理制度

N02. 体育与学生的成长

N03. 体育锻炼主要项目

目录 CONTENTS

N04. 运动锻炼安全常识

N05. 运动伤害防护常识

N06. 运动安全急救常识

NO1.校园体育管理制度

体育管理的原则与任务

体育管理的原则

1.全面发展的原则

学校体育工作应全面实现体育的任务，如体育教学、体育活动等。全面发展学生身体的各项素质，如各器官、各系统的功能，各种能力等。培养运动美、体态美、协调、灵巧和耐力等，这既是体育目的，也是体育动力。

学校体育工作应以增进学生体质为目的，学生运动量大小要适

当，不要超过生理负荷，引起不良反应。中学男、女生的体育活动要分开。保证每个学生每天都有适当的锻炼时间，体育活动，既是心理情感上的享受，又是生理机能上的需要。

中学生每天应有8至9小时睡眠，小学生9至10小时睡眠。中午睡觉时间不宜过短，夏季应留出午睡时间，保证学生每天有1小时的体育活动。

2.群体活动的原则

学校体育活动要面对学生，增强学生体质。体育教学中的早操、课间操、课外活动，各种训练队的竞赛都是群众性的体育活动，要发展本校的传统性体育项目，要创造条件，大幅度提高运动技术水平，在此基础上，也要注意发现有体育运动特长的学生，适当地培养或介绍到业余体校学习。

学校教务管理工作中的学生体育管理，是提高学生的身体素质，使他们具有健康身心的重要保证。这就要求对学生的体育管理，要最大限度地协调和利用一切可以利用的力量，科学地利用有限的时间，采取科学的训练方法，使学生能够在学校期间打下良好的身体基础，以便将来能应付紧张的学习和生活及工作，为四化建设贡献出全部的光和热。

3.整体性的原则

学校教育管理是一个有机的整体系统，它由若干个子系统组成，按工作任务可以分为智力教育管理、道德教育管理、体育教育管理等子系统。

学校体育管理作为学校教育管理的子系统，首先应服从并服务于学校教育管理这个整体，处理好局部和全局的关系，使之与学校教育管理相适应，为培养德、智、体全面发展的一代新人作出应有的贡献。

学校的领导者、有关部门、组织与人员，也应该处理好全局与局部的关系，在抓学校教育管理的时候，将体育管理列入其中，使学校体育管理在学校教育管理中有相应的位置，并给予应有的重视和关心。

学校体育管理作为学校教育管理的子系统，它自身又有一个由若干个更小的子系统组成的整体系统。就学校体育管理的内容划分，可以分为体育教学管理、课外体育活动管理、运动队训练管理、体育竞赛管理等子系统。

4.周期性原则

学校育人活动的周期性特点和规律，决定了学校体育管理的周期性。学生从进入小学开始到获得一定的学历毕业走上社会，这是一个通过长年教育培养的全周期。

而小学、初中各学段又相对独立为一个大周期；每一学段又是以年级来划分，每一个学年又构成学年度周期；每一学期、每一周，均构成学期周期或周的周期；直至每一天、每一次课、每一次活动，形成最基本的教学和活动单元。

这种周而复始、循环往复、不断提升的过程，决定了学校教育管理的周期性，也决定了学校体育管理的周期性。

学校体育管理的周期性，要求在设计、决策、各级各类学校体育发展战略、学校体育目标、体育教学大纲、体育锻炼标准和体育合格标准等事关学校体育全局的事项时，有一个科学的、统盘的思路和架构。使不同学段之间、不同年级和学期之间，既互相衔接，又不断提高要求，以期达到理想的效果。

学校体育管理的周期性，还要求实施学校体育的计划管理。计划管理是学校体育管理的极为重要的表现形式。计划的制定和执行，是学校体育质量的重要保证。可以这样说，没有计划，就不成其为管

理，也就谈不上学校体育工作的质量。

而计划的制定，又是以学校体育教育的周期性特点为依据的，如：学校体育工作计划，就是以学年度和学期为时限的；体育教学计划，分为学年体育教学工作计划和学期体育教学工作计划；运动队训练计划，也是以学年度来划分训练周期的。

学校体育的周期性，还表现在学校体育工作和活动的季节性。由于我国四季分明，南北气候相差悬殊，因而在活动内容的安排上，总是考虑季节因素，因季节而异，如春季的校田径运动会，秋季的各种球类比赛，夏季的游泳，冬季南方的长跑活动和北方的冰雪运动等。

体育活动的任务

体育课应以实践课为主，重视实际的锻炼，每学期要保证有16至18周约为32至36节体育课教学时间。教学中要严格训练，严格要求，严格纪律，既要发挥教师的主导作用，又要充分调动学生的积极性。

体育教师在教学中的主导作用，具体表现在备好课，教好课和不断改革教学方法三方面。体育课一般由4部分组成：开始部分、准备部分、基本部分、结束部分。

基本部分是主要的，但其他部分都各有作用，不能忽视。有的体育教师不重视准备部分。一开始就让学生急跑或做难度大的动作，由此而发生的伤害事故并不少见。

目前有些体育教师没有经过专业训练，体育教学质量差。每逢上课，给学生一个篮球、一个排球，就算上了课，群众称之为“上课两个球，教师学生都自由”。这种状况不改变，就不可能达到增强学生体质的目的。

想要使得这种现象发生改变，就要把没有经过专业训练的教师送去进修，领导要观课，看教师是否按教学大纲的要求进行教学，看教师示范动作是否规范，并抽查教师的教案。

体育管理的实施制度

遵循的规律

体育教学要求教师按照体育教学大纲有计划地进行。通过体育课指导学生锻炼身体，增进健康、提高身体素质和运动能力，传授体育的基本知识和技能，调动学生锻炼身体的自觉性，并使之学会科学锻炼身体的方法。体育课要求学生各种身体练习机能要承受一定的生理负荷，但不要负荷过重。教师安排体育课结构，应遵循教学过程和人

体生理机能活动变化的规律。

1. “两操”

“两操”指眼保健操和广播操。眼保健操是保护学生视力的积极方法，应合理安排，提高质量。早操、课间操都是广播操，小学低年级可试行课中操，任课教师可自编试行。

2. “两活动”

是指课外体育活动和体育竞赛活动。根据各校器材、场地条件积极组织课外体育活动。竞赛要立足于校内和基层，提倡群众性，以小型、多样、单项、分散为主，可组织不同规模的比赛。

评定的标准

实施《国家体育锻炼标准》，有利于青少年身心全面发展，有利于提高体育保健质量和丰富课外活动内容，有利于培养体育人才和提高运动技术水平。评定标准按五项总分确定等级，分及格、良好、优秀三级。

运动队的训练

运动队的训练在课外时间，学生可按性别和爱好，组成不同的体育锻炼队。每队人数以10人左右为宜，由体育教师按计划组建，并指导锻炼，每周2至3次，也可利用课外体育活动的时间训练，以满足少数同学的特殊要求与需要，发展个别学生的体育特长。

运动会的举行

全校运动会是检阅运动技术水平，开展群众体育活动的好形式，每年在春季、秋季各举行1次。运动会的全过程就是进行体育、道德和知识的教育过程，是树立班集体、校集体的集体观念的过程。

事前要订出具体计划，组织严密的实施步骤，调动全校师生共同参加。要贯彻“友谊第一，比赛第二”的精神。要准备好，组织好，总结好。

体育卫生管理的原则

体育卫生工作，是学校教育工作的重要组成部分，是学校全面贯彻国家教育方针不可缺少的内容之一，同时，也是培养学生德、智、体、美、劳全面发展的重要组成部分。总之体育卫生工作非常重要，每一个学校管理者都必须对此予以高度重视，遵循以下原则进行管理。

国家的教育方针，是使学生在德、智、体诸方面全面发展。这就是说，要把德、智、体放在同等重要的地位。长期以来，相当普遍的现象是轻视体育，或者口头上重视，行动上轻视。这是有违国家教育

方针的，也不符合青少年全面发展的需要。

青少年学生正值长身体、长知识的重要时期，身体发育至关重要。这段时期学生身体发育状况如何，对学生将来能否健康地为祖国工作，有决定性的意义。我们不能只看到“长知识”而不顾及“长身体”。我们应爱护下一代的健康。那种用牺牲学生的健康去换取文化知识的做法，是对下一代不负责任的表现，是违反国家和民族的长远利益的。

另外，没有好的身体，也必然严重影响学生文化知识的学习和道德品质的成长。研究表明，健康的身体是智力发展的重要前提与条件。而健康的身体，除了先天因素以外，主要是通过后天的营养和体育锻炼来获得的。

因此，学校领导者必须正确处理德、智、体三者之间的关系，摆正它们的地位。在思想上把它们同等重视，做到“三育”一起抓。

体育卫生工作紧密结合

体育和卫生虽是两项不同的工作，但它们的目标是一致的，都是为了促进学生身体健康，增强学生体质。体育是从锻炼方面增强学生的体质，卫生是从保健、医疗方面保护学生的健康，只注意体育锻炼，不讲究卫生，不可能达到强壮身体的目的；只讲究卫生，不锻炼身体，体质也不可能增强。

因此，两者必须紧密结合，才能相辅相成，促使学生的身体健康成长。两者结合，首先要体现在两者的专职机构——体育教研组和卫生室，在工作上要互相协调，互相支持。

校医在必要时可参加体育组的教研活动，对体育教学实行医务监督。另外，对学生的体格检查，也要互相配合。学生的身高、体重、胸围、肺活量的检查，由体育组负责；其他健康方面的检查，由卫生室负责。

体育组要及时向卫生室了解体格检查的结果，以便根据学生的身体素质安排体育教学活动，使体育教学建立在科学的基础上。其次，两个专职机构的专职人员——体育教师和校医要互相学习，熟悉对方的工作内容和要求。体育教师应懂得一般的医疗卫生知识，校医应懂得体育锻炼的一般要求和方法，这样才能合作得好。

明确以什么为主，以什么为辅

体育和卫生工作，都要有一个主辅的问题，就是要明确以什么为主，以什么为辅。这样，工作才不会偏离轨道而富有实效。学校体育必须面向全体学生，以普及为主。所谓普及为主，就是要开展群众性的体育活动，使每个学生都积极参加，而且要形成制度，形成风气。

对免试体育的病、残学生，也要采取适合他们特点的措施，促使他们健康成长。体育要在普及的基础上提高，即在群众性的体育活动中，发现有特长的学生，为他们创造各种条件着重培养他们。

运动队员平时是各班体育活动的骨干，校际比赛时则从中选择优秀人才组成学校的代表队。只抓普及，不抓运动队的训练，便不可能提高学校的运动水平；只抓运动队的训练，忽视群众性的体育活动，将挫伤大多数学生参加体育锻炼的积极性；至于既不抓普及，也不抓提高，则更是错误的。因此，要主辅并重齐抓。

学校卫生工作，应以预防为主，以治疗为辅。所谓预防为主，就是要向学生进行卫生知识教育，使学生养成良好的卫生习惯；要积极开展群众性的爱国卫生运动，搞好环境卫生，保持校园整洁；要对学校各项工作进行卫生监督；要搞好疾病特别是季节性疾病的预防工作；定期组织师生进行体格检查，但是对一些小病小伤，在条件允许的情况下，要积极治疗，不应借口“预防为主”而不管。

体育锻炼要讲究科学

体育锻炼和卫生要求，必须讲究科学。也就是说，要根据学生的

年龄特点、性别特点和个性差异，区别对待，循序渐进。例如体育课和课外体育活动，要注意学生的生理特点，科学地进行锻炼，运动量由小到大，逐步增加；运动技巧，由易到难，逐步提高。

小学生和初中学生在身体发育方面有很大差别，要严格按照体育教学大纲和国家体育锻炼标准进行，从学生的实际运动水平出发，不可随意增加运动量，随意增加难度，不可搞突击锻炼，在体育活动中出现的各种伤害事故，大都是违反科学造成的，学校领导者不可不高度注意。

由于生理上的不同特点，男女学生也有很大差异。尤其是初中的学生，特点更为明显，有条件的学校应实行合班男女分开教学，女生体育课最好由女教师担任，更能照顾女生的特点。

学校卫生工作要注意研究青春期的生理特点，向学生传授这方面的科学知识；要研究多发病、常见病的发生发展规律，提出防治措施。

另外，体育卫生工作还要讲究时效性。体育卫生的时效性表现在工作效果不是在短时间内能够看到的，贵在坚持。拿个人体育锻炼来说，如不日复一日的坚持，今天练，明天不练，时断时续，哪能收到增强体质的效果。

从学校来说，坚持才能形成风气。凡是体育活动开展得好的学校，秘诀就在于坚持。因此，无论是酷暑严寒，还是晴阴雨雪，体育锻炼不能中断。

卫生工作也是如此，如果只有“大扫除”，只有临时突击的“卫生运动”，仍然不可能保持校园整洁。从个人来说，要坚持日常的卫生工作，养成良好的卫生习惯，才能保护身体健康。从学校来说，只有把卫生工作经常化、制度化，不搞形式主义，才会有一个整洁的环境。凡是卫生工作搞得好的学校，莫不在于坚持。因此，体育卫生工作，一定要做到：坚持、坚持、再坚持。

体育卫生管理的范畴

学校体育卫生两大方面的工作是一个完整的系统，应由一个校长分工主管，这个管理系统，应包括教导主任、总务主任、体育教研组长、校医在内。凡学校体育、卫生方面的工作和问题，均由这个机构研究解决。

体育教研组和卫生室，是学校体育、卫生工作的专职机构，这两

个机构的专职人员——体育教师和校医，是搞好学校体育卫生工作的骨干力量。学校领导应通过这两个专职机构和专职人员，把全校的体育、卫生工作抓起来。

学校体育管理工作

1.提高教学质量

体育教师在教学中要负起主导作用，具体表现在备好课、教好课和不断改革教学方法。

要建立严格的考勤和考核制度。学生在全学期缺课超过体育课总时数三分之一者，不予评定成绩。成绩达不到良好者，不能评为“三好”学生。体育课应作为决定升留级的学科之一。学生因病残免试体育，需经医生证明，体育教研组审核同意，教导处批准。

体育课教学要进行改革。从教学内容到教学方法，都要适应学生的特点，提高学生上体育课的兴趣。但改革，要符合体育课的目的要求。近年来不少学校把“迪斯科舞”引进体育课，认为是体育课的改革和创新。虽然“迪斯科舞”对锻炼身体有一定好处，但是把它作为体育课教材就不一定合适。

因为这种舞蹈音乐节奏强烈、刺激性强，容易诱发学生感情，有时难于控制。而且跳了以后会影响下堂课的学习。学校是教育机关，不仅要考虑锻炼价值，还要考虑教育因素。

总之，体育课的教学改革，应考虑这门学科的目的要求、学生的特点以及它的教育作用。

2.开展课外体育活动

课外体育活动是学校体育工作的一个重要方面，是增强学生体质的有效措施。学校要因地制宜，积极地开展群众性的体育活动。课外体育活动包含了许多丰富多彩的内容。

（1）早操和课间操。早操和课间操不但可以起到锻炼学生身体增强学生体质的作用，还会使学生养成早起的好习惯，久之，可以形成风气，这是优良校风的一部分。早操以后，还可以进行早锻炼，可以班、组为单位，充分发挥学生中的体育积极分子的作用。

早操、早锻炼、课间操，由体育教师负责组织，班主任协助，分管体育卫生工作的校长、教导主任，要给予指导和督促检查。

（2）课外体育锻炼。有很多学校的课外体育锻炼，只是个形式，没有多少人参加，离群众性的体育活动相去甚远。主要原因是锻炼时间没有保证，锻炼内容不明确，锻炼场地不够分配，锻炼器材缺乏，没有指导教师。要使学校的群众性的体育活动开展起来，必须解决上述问题。

每周应安排两次课外体育锻炼时间，每次一课时，并列入课表。锻炼内容要以《国家体育锻炼标准》为中心，把锻炼、测验、登记结合起来，使学生有个奋斗目标。

要根据学生的实际情况和爱好特长，组成若干锻炼小组，做到小型多样，生动活泼，讲求实效，持之以恒。要统一划分场地和分配器材，因地制宜。体育教师要分工，做到每次课外体育锻炼有人负责、有人指导。

（3）课外体育竞赛。课外体育竞赛集运动娱乐于一身，且带有评比性质，很符合青年人好胜心理，因此得到了他们的热烈欢迎。

开展课外体育竞赛活动的原则是小型多样，单项分散，校内为主。竞赛内容既要与《国家体育锻炼标准》的项目紧密结合，又要从本校的实际出发，发挥优势，形成传统，还必须考虑年级特点。

（4）举行运动会。全校性的田径运动会，是一种大型的体育竞赛活动，对推动学校体育活动的开展有很大的意义。学校领导应通过运动会，向学生进行集体主义、自觉纪律和团结友爱教育；表彰优秀运动员，把学校的体育运动水平在原有基础上提高一步。

举行一次田径运动会，要作许多准备工作。目前多数学校没有田径运动场，需向外单位借用，因此，一年以举行一次运动会为宜，在春季或秋季举行。

学校领导要把开好一年一度的运动会当做一项重要工作来抓，教导处、总务处、教工会、共青团、少先队、学生会，要齐心协力，互相配合。教工会应组织一部分教职工包括学校领导参加比赛，这不仅能使运动会开得生动活泼，而且对青少年有很大鼓舞作用。

（5）运动队的训练。学校应在普及体育运动的基础上，建立以传统项目为主的运动队，并且有组织有计划地进行训练。对运动员要严格要求，严格训练，但不要求全责备。学校领导、体育教师、班主任和科任教师对参加运动队的学生，要在思想、学习和生活各方面给予支持和关心，使他们在德智体诸方面都得到发展。

3.加强教师队伍建设

关心和爱护体育教师，加强体育教师队伍的建设。体育教师负担很重，不仅要负责一门学科的教学任务，还要费尽心力想方设法增强学生体质，不但要备好课还要经常同学生一起，摸爬滚打，起早贪黑，付出巨大的体力劳动。

体育教师是很辛苦的，应该受到人们的尊敬。学校领导要关心体育教师的生活福利，认真执行有关规定，解决好他们的工作服装和其他有关问题。对体育教师中的老教师和女教师，更要给予必要的照顾，妥善安排他们的工作。

在搞好学校体育工作的前提下，要支持体育教师参加校外体育工作，以便开阔眼界，提高业务能力。有关部门抽调体育教师参加社会体育活动，必须征得同级教育部门的同意，所在学校应作妥善安排。被抽调教师参加社会体育活动，其有关交通、住宿、伙食补助等费用，由主办单位负担。

凡占用正常教学时间的，须按教育部门规定的标准付给学校代课费，以保证体育教学的正常进行。体育教师每人每年离校参加社会体育活动，一般不得超过两次。

加强体育教师队伍的建设，就要逐步做到中学 6 至 7 个班、小学 8 至 9 个班配备一名专职体育教师。农村较大的小学，也要有专职体育教师。要保证体育教师队伍的相对稳定，不要轻易调换他们的工作。结全实际情况，有计划地组织体育教师参加各种形式的学习活动，提高他们的业务水平。

学校卫生管理工作

中小学卫生工作的任务，是监测学生的健康状况；对学生进行健康教育，培养学生良好的卫生习惯；改善学校卫生环境和教学卫生条件；加强对传染病、学生常见病的预防和治疗。学校卫生工作要抓好几个方面工作。

1.对学生进行卫生知识教育

卫生知识教育的目的在于使学生掌握生理卫生的基础知识，提高讲卫生的自觉性，进而养成良好的卫生习惯，树立以讲卫生为荣，以不讲卫生为耻的新风尚。

卫生知识教育的内容，要根据学校的特点有计划地进行，使学生懂得用眼卫生、用脑卫生、饮食卫生、运动卫生、环境卫生、劳动卫生、防

病常识等。

2.对学校进行卫生监督

学校要在卫生行政部门和卫生防疫机构的指导下，制订卫生措施，并对学生学习、生活、体育、劳动以及学校环境进行卫生监督，这是学校贯彻预防为主的主要内容。

（1）对学习进行卫生监督。学校要根据学生的年龄特点，合理安排作息时间和教学进度，防止学生学习负担过重。

教室和课桌椅要符合卫生要求。教室要保持整洁，不堆放杂物，墙壁不要张贴过多的卡片、图画，经常保持洁白。另外，采光、照明要良好。采光系数应不低于一比六，课桌面的照度应不低于50米烛光。通风要良好，空气要清新。对不合标准的课桌椅要有计划地逐步改进。黑板应保持漆黑，无裂缝，不反光。第一排课桌椅的前沿距黑板应不少于2米。

（2）对生活进行卫生监督。重点要监督好食堂和学生宿舍的卫生状况。食堂要认真执行饮食卫生的有关规定。要防止食物中毒和食物污染。要办好伙食，注意营养。

学校应逐步添置烧水、热饭和洗澡设备，供应师生饮用开水和女生热水。对炊事人员要定期进行健康检查和组织学习卫生知识。患传染病者，不得担任炊事工作。学生宿舍要做到整齐清洁，每室选室长一人，学生轮流值日打扫卫生。要消灭各种害虫，保护学生的健康。

（3）对体育进行卫生监督。体育的卫生监督，重点是对课外体育活动的卫生监督。要根据学生的性别、年龄特点、健康状况和体育活动能力，分别组成锻炼小组。锻炼前要做好准备活动，锻炼后要做好整理活动。饭前、饭后不做剧烈的体育运动。对患有慢性病的学生，要暂停锻炼；女生月经期间，不宜做剧烈运动。

安全监督是体育卫生监督的重要内容，学校领导要高度重视。引起体育事故频发的原因多是体育场地、器材长年失修，体育锻炼不按科学进行，体育较差学生参加长跑、游泳缺乏组织与保护等。学校领导要在这些方面加强管理。

（4）对劳动进行卫生监督。学生参加劳动，应按教学计划的规定进行，劳动强度不应过大，不得组织学生参加有损健康和易燃易爆的劳动工种，不组织学生参加夜班劳动，不搞劳动竞赛。在劳动地点，要妥善安排师生的饮食、住宿和医疗条件。

要向学生进行劳动安全教育。要严格遵守操作规程和劳动纪律，防止发生工伤事故。

（5）对学校环境进行卫生监督。最重要的是搞好校园的清洁卫生，保持校园整洁。要积极、持久地开展爱国卫生运动，划分卫生责任区，落实到班组和个人，做到“一日一小扫，一周一大扫，节假日前彻底扫”。要给学生创造讲卫生的条件，教室有纸篓，公共场所有痰盂，要求做到无纸屑、无痰迹。

3.防病治病，预防为主

预防和治疗疾病，是学校卫生工作的中心任务。中小学师生人数多，医务人员少，医疗设备差，必须贯彻预防为主的方针，而不要把主要精力放在治疗上。

怎样贯彻预防为主的方针？除了以上所说的向学生进行卫生知识教育，对学校各方面进行卫生监督外，还必须做好以下几项工作。

（1）做好学生健康调查研究。调查的主要方法是体格检查。新生和毕业生应全面体检。在校学生，每年进行一次全面体检，平时可作单项检查。检查项目，要填入学生健康卡片，并进行分析，以切实掌握学生身体的发育状况和学生中常见病、多发病的情况，以便做到心中有数，进而采取预防和治疗措施。

（2）加强传染病的防治。学校是一个人员众多的大集体，卫生状

况整体水平差，传染病很容易流行扩散，因此，加强传染病的防治十分重要。一旦发现有传染病流行时，要采取紧急措施，例如给师生服用预防性药物，减少或停止集会，做到早发现、早隔离、早消灭。

（3）加强常见病、多发病的防治。学生中的常见病、多发病指的是脊柱弯曲、龋齿、视力减退、沙眼、角膜炎、神经衰弱、寄生虫等，要采取积极的预防和治疗措施。有的学生身体有异常反应，应及时同家长联系，动员家长带学生去医院诊治，不可耽误。

管好学校的体育卫生工作，除了要依靠体育教师和校医外，还要依靠学生中的体育卫生积极分子。团、队、学生会、班委会，都有担任体育卫生工作的学生干部，要调动他们的积极性，通过他们带动全校的体育卫生工作。

体育卫生的常规管理

为全面推进素质教育，进一步加强学校体育卫生工作，切实提高广大青少年学生的健康素质，促进青少年学生的全面发展，校园体育卫生工作的常规管理是必不可少的。要把体育卫生工作列入学校工作计划，每学期抓几次；明确体育教师和校医的职责；建立和健全体育卫生工作的制度。

体育教师的职责

体育教师基本职责就是上好体育课，努力提高教学质量。组织早操、课间操、课外体育活动，积极推行《国家体育锻炼标准》，搞好

运动队的训练和体育竞赛活动。

对学生要热情、耐心、严格要求，全面关心学生的成长；在思想作风、道德品质和体育锻炼方面，应成为学生的表率。要协同卫生室定期检查学生的身体，积累资料，分析学生的体质和身体基本活动能力，协助总务部门做好体育器材的选购、维修和保管工作。

校医的主要职责

学校校医要贯彻预防为主的方针，做好防病、治病工作。

要开展卫生宣传活动，培养学生良好的卫生习惯，定期组织师生检查身体，建立健康卡片，对教学、生活、体育、劳动、学校环境进行卫生监督。学校领导要根据上述职责督促和检查体育教师和校医的工作。

建立建全体育卫生制度

建立建全体育卫生制度，是学校开展体育卫生工作的前提和基础，也是学校体育卫生工作常规管理的一项重要内容。学校要建立的体育卫生工作制度主要有以下几条。

1.作息制度

要按照国家规定控制学生在校的活动总量和保证学生的睡眠时间，学生每日学习时间，包括自习与课外活动，小学不超过6小时，中学不超过7小时。学生每日睡眠时间应保证：小学生１０小时，中学生9小时。学校要根据不同季节，合理规定学生到校、离校时间。

2.体格检查制度

在当地医务部门协助下，每年要对全校师生进行体格检查，并建立健康卡片。体检情况要向体育、卫生工作领导小组汇报，并及时转告班主任和家长。体检资料要存档备查。

3.清洁卫生制度

很多小学制订了晨检或午检个人卫生情况制度。这个制度有助于学生从小养成良好的卫生习惯，应坚持施行下去。环境卫生，应建立分区包干责任制，每周周末最后一节课，应规定为全校大扫除时间，并进行检查评比。环境卫生要与美化环境相结合，包干区花草树木的保护，也要实行责任制。

4.场地、器材检查维修制度

体育场地、器材失修，是造成体育事故的重要原因之一。体育教师应经常在课前和课外活动前对运动场地和器材进行检查，如有损坏，要停止使用，并及时通知总务部门修理。

5.传染病预防制度

学校是集体生活的场所，传染病尤其是流行性传染病，对师生安全威胁极大，必须严加防范。学校为此要制定一套科学的传染病预防制度，严格执行国家颁发的疫情报告制度、传染病患者复学的隔离制度、患者复学的复诊制度。平时要做好预防接种、服预防药、按时检查身体等医疗预防工作，最大限度保证全体师生的安全。

认真落实卫生工作

认真贯彻《学校卫生工作条例》、《中华人民共和国传染病防治法》、《食品卫生法》，结合我校实际情况，坚持树立“以人为本”、“健康”、“安全第一”的指导思想，注重预防为主，标本兼治，综合治理的原则。要求学生讲究体育运动卫生、生活卫生和校园环境卫生，建设美好校园。

学校要定期或不定期对学生展开体质健康检查和监测，根据《国家学生体质健康标准》按时向社会公布学生的体质健康情况。校园环境卫生要按班级划分区域严格执行一日三扫：早晨、中午、下午，把学生的学习区和生活区区分开，严格控制学生把食品垃圾带到学习区。

平时每班派专门的学生轮流保持环境卫生，由学生会、校团委组

织检查记录作为学校卫生评比的依据。月末按时进行评比奖励，评比结果将纳入班主任年终考核。加强学生心理健康教育，加强对学生的意识与能力的教育和培养，使学生熟悉食品卫生知识、饮用水卫生安全知识，指导学生正确消费、健康消费。

学校要进行卫生教育，培养学生形成良好的卫生习惯。定期或不定期举行学生养成行为习惯教育大课。开设健康教育课，开展多种形式的健康教育活动，将卫生安全教育贯穿于日常教育中，加强健康行为养成教育。更要加强传染病防治的宣传教育，特别是对“手足口病”和“流感”以及“地氟病”的预防和宣传教育。

学校要认真贯彻落实省卫生厅、教育厅《关于进一步加强学校传染病防治工作的通知》，加强学校传染病的预防和控制工作，建立学校传染病防治工作长效机制。建立学校晨检巡查，发现传染病病人或者疑似传染病病人，及时向卫生部门和县教育局汇报。

加强对学生个人卫生、环境卫生以及教室、食堂、假山、宿舍、厕所等卫生的管理，尤其是厕所和宿舍必须专人负责管理并成立宿舍管理办公室。建立健全《食堂卫生安全管理办法》等，认真执行有关食品卫生法律、法规，加强饮食卫生管理工作力度，做到专人负责，职责明确，杜绝出现食物中毒事件。并且食堂要有卫生许可证，食堂从业人员要定期进行体检，要有有效健康证。

进入操作室必须穿专业工作服，要有良好的卫生习惯，掌握基本卫生知识。学校要坚持食品采购制度，杜绝“三无”食品进校园，确保广大师生的生命安全，加强营养指导。加强学生卫生文明养成教育，提高学校卫生水平。

校园体育教学的指导

指导思想

学校体育是加强学生爱国主义和集体主义教育、磨练坚强意志、培养良好品德的重要途径，对青少年品德陶冶、智力发展、审美素养

的形成以及学生体质的增强和国民健康素质的提升有着不可替代的重要作用。

改革开放以来，学校体育工作发展较快，体育场馆现代化设施建设速度加快，使得体育活动日益丰富，青少年学生的营养水平和身体形态发育水平不断提高。

各级教育行政部门和学校要从提高全民族素质的战略高度，深刻认识加强学校体育工作、促进青少年学生健康成长的重要意义，认真落实“健康第一”的指导思想，切实增强责任感和紧迫感，把加强学校体育作为实施素质教育的重要突破口，不断深化学校体育改革，认真研究解决存在的问题，着力提高学校体育工作水平。

实施策略

建立健全学校体育工作各项规章制度，全面贯彻执行《学校体育工作条例》和《学校卫生工作条例》，依法保证学校体育课的开设和课外体育活动的开展。

继续改善学校体育卫生设施，加强体育师资队伍建设，健全青少年学生体育工作体系，逐步完善学校、社区、家庭相结合的青少年学生体育网络。

1.突出课堂教学

体育课时要按照国家课程计划规定，确保小学1至2年级每周4课时，小学3至6年级和初中每周3课时。积极实施新的体育课程标准，根据不同年龄学生的身心发展特点选择教材和教学形式，提高课堂教学质量和效益。教学中要增加身体素质和体能练习的比重，积极培养学生自我锻炼能力和创新能力。

2.广泛开展活动

从今年秋季起全市中小学全面实行大课间体育活动制度，每天上午统一安排25到30分钟富有特色的大课间体育活动。大课间体育活动时段内认真组织学生开展广播操、校园集体舞及有本校特色的体育活动。没有体育课的当天下午安排1课时的体育活动，列入学校课表。大课间体育活动及课外体育活动由班主任和体育教师共同组织实施。寄宿制学校每天要组织学生早锻炼。

3.完善学生体质健康

建立健全《国家学生体质健康标准》测试报告书和公告制度。各级各类学校要组织学生开展各种形式的锻炼活动，认真参加体质测试。学校要配齐测试器材，规范测试方法，加强对测试工作的监管，确保测试数据的客观真实性。学生体质健康测试结果纳入对学生的评价报告。学校测试的结果定期向上级教育行政部门、社会和家庭公告，并列为学校业绩考核的重要指标。

4.完善体育考试制度

科学合理设置考试项目内容和评分标准，适当提高区分度，逐步加大体育考试成绩在中考总分中的比例。全面实施中学生综合素质评价，从2008年起，凡国家三级以上运动员、参加省级教育行政部门组织或认可的体育竞赛活动获单项前六名或集体比赛前六名，参加市级教育行政部门组织或认可的体育竞赛活动单项前四名或集体比赛前四名的主力队员、体育课考核成绩和《国家学生体质健康标准》达到优良级者可评为A级，并记入档案供高校录取时参考。

5.建立体育竞赛制度

每四年举行一届综合性运动会，每二年举行一届专项性运动会。各市、县、区教育行政部门、市学校管理中心要建立中小学体育竞赛制度，学校每年至少要举办一次体育运动会、一次体育文化科技节，注重培养学生的体育兴趣和特长，使每个学生都能掌握两项以上的体育运动技能。

结合学校实际情况因地制宜地开展以班级为单位的体育竞赛活

动，做到人人有参赛项目，班班有体育活动，校校有体育特色。

6.完善健康体检制度

教育行政部门和学校要定期为学生进行健康检查。学校每学期要对学生视力状况进行两次监测，坚持每天上下午做眼保健操，帮助学生掌握科学用眼知识和方法，降低近视率。

加强学校食品和饮用水卫生专项监督检查，各地每年要组织3到4次定期与不定期检查。学校要有针对性地加强心理健康教育，逐步建立健全青少年心理健康教育、指导和服务网络。

发展趋势

1.由社会主体转变为学生主体

近年来，我国出现了中小学生体质下降，近视眼日渐增多，学生心理疾病居高不下等现象，究其原因是学校体育教育思想错位，即是一种社会主体教育，而不是学生主体教育。

社会主体教育就是以社会为主导，所有工作全部围绕社会需要进行，教育的直接关注对象是社会，而没有考虑到学生才是教育的对象，结果也只能是以牺牲学生的某些需要来满足社会的需要。

体育教育是一种非功利性行为，是非智力因素的重要方面。世界各国充分认识到并开始着手转变教育体制，以确立学生的主体地位。当然并不是说学校体育教育要脱离社会，而是要进一步在教育中摆正学生同社会的关系。

2.体育教育集合化趋势

体育教育集合化的趋势就是多种观点作为子集并存，共同构成一个范围较大的体育教育思想体系。

比如美国的体育就融合“运动体育”、“竞技体育”、“体育健康与锻炼”等多种概念。现在世界上较为流行的体育教育思想中蕴含着“大众体育”、“健康体育”、“娱乐体育”、“快乐体育”、

“生涯体育”、“终身体育”等数十种不同的体育教育观点。

而且越来越多的国家和地区倡导多元化的体育教育思想，应该说都有助于解决体育的根本问题，有其存在的合理性。

3.体育教育技术化趋势

体育也是人类智慧的一个集成体，当今一切先进的思想方法，都可能成为体育教育所包含的元素。

比如，技术含量很高的网络化教学已成为各种教育包括体育教育的最有效手段和最便捷途径。现代化的教学技术和教学方式必将促成一种新的教学理念，从中体育教育也会产生成熟的思想体系。

4.体育教育动态化趋势

现代体育教育思想体系是相对正确和相对稳定的。我国五六十年代社会经济条件不好，国民体质较弱，为摆脱这一状况，大力推进体育的全面活动。

现如今学校体育几乎变成了一种体育训练，呈现一种体育竞赛模式。而今天健康教育促成了一种新的健身时尚，受到广大人民群众的喜爱。

由此可见，体育教育不是静止的而是随着时代在不停地变化，呈现出一种动态的发展趋势。

学校体育教育素质化

素质教育是以促进人的身心和谐发展，提高人的综合素质为目的的。素质教育是对应试教育为表现形式的功利主义教育的批判，是对唯智力因素教育的反击。

体育教育作为一种非功利主义教育形式，正是素质教育所追求的目标。因此克服传统体育教育存在的问题，从根本上说就是要推进学

校体育教育的素质化。

首先，体育教育内容要实现选择化、个性化、立体化和健康化。改革开放以来我们与各国文化进行了广泛的交流，学校体育课程的选择性要求，打破了传统的课程编写模式，课程的审定、编写、出版和使用得以分开。国家负责对课程的审定，而课程的研制、编写、出版由社会有关部门自由进行，学校有权在国家审定通过的多种课本中选择，使体育课的教学内容进一步适合广大学生的身体发展需要。

而且学校体育和竞技运动训练不同，它是面向全体学生，以增强学生健康为目的，使学生身心健康和提高社会适应能力各方面都平衡发展。

因此，体育课程必须遵循生理规律、心理规律、认识规律、掌握运动技能规律等，使学生养成健康的生活方式，展现体育精神，形成积极进取、乐观开朗的人生信念。

其次，体育学习与其他课程的学习不大相同，体育教学主要解决的是让学生懂得各种基本知识、原理和方法，让学生学会并掌握各种基本的体育动作，从而达到增进身体和心理健康的目的。为此必须让学生主动地参与，创造性地学习，发现体育的真谛，体验运动的乐趣。

为了真正体现教学以学生为主体，让学生做学习的主人，教学中可以自主、探讨、互动式学习为主，尽量避免注入式和训练式的教学方法，让学生通过自主学习，培养一至两项体育爱好和特长。通过爱好、特长，更好地激发学生学习的主动性，使学生乐学、爱学，更深刻地理解和掌握体育知识、技能与健康方法等。

综上所述，我国学校体育教育改革既要符合我国的基本国情，同时也要同前我国的经济、政治、文化和科技发展相适应，这是我国学校体育教学改革的最佳之路，也是我国体育发展的必由之路。

体育课是教学计划规定的一门必修课，是学校体育工作的基本组织形式，是各项体育活动的基础，因此学校人员必须把体育课的教学，作为学校体育工作的中心环节，从如下几个方面抓好。

抓“大纲”，明确教学目的和任务

《体育教学大纲》规定了体育教学的中心任务、教材体系和对教学的基本要求。它指明了体育教学的方向，是国家指导学校体育教学的指令性文件。因而学校教务人员要组织全体体育教师并和他们一道学习和贯彻《体育教学大纲》，用大纲的精神指导体育教学。

抓“质量”，慎重制定“量标”

加强体育课的教学管理，基础工作在于慎重制定“量标”，使体育教研组和体育教师对全组和自己的教学有一个统一的认识和准确的评价，从而不断地提高教学质量。制定“量标”应从体育课的基本任务出发，突出“增强体质”这一根本目的，体现“汗、会、乐”三个字的要求，做到“教、学、练、育”四统一。其内容是：

教学中发挥教师的主导作用和学生在学习中的主体作用，较好地完成教学任务。合理按排和选择教材。运动密度和运动负荷要安排合理，使学生获得必要的练身实效。使学生能正确地学习和掌握一定的体育基础知识，基本技能和基本知识技术。

教师要熟悉教材，恰当地运用教学原则和有效的教学方法、教学手段。示范动作准确、熟练、轻快、优美，使学生乐于上体育课。教学过程中能结合教材对学生自然地、有机地进行思想品德教育，培养学生良好的道德品质。对男女学生和生病、体弱学生能区别对待。免上体育的学生都能到课见习，参加集会，并有安排。

抓“计划”，认真选择教材、备好课

体育教学工作计划，是学校体育工作计划的重要组成部分。它是根据国家颁布的《体育教学大纲》和教材，对学校整个体育教学工作系统安排，是体育教师进行教学的主要依据。在学期开始前订出学期教学工作计划和进度，并根据学生和本校实际条件，写出下周的课时计划；课前还要熟悉课时和计划，并做好场地、器材安排；要有晴、雨两准备，以防不测之需。

《体育教学大纲》规定的教学内容，应该教完。但要根据场地设备、气候条件和学生特点进行实事求是的选择。不能因为某个时期其他任务重或条件困难而任意取消体育课。如因故缺课，要像其他学科缺课一样，予以补上。

学校教务人员对学期体育教学要进行全面细致的检查，不妥之处要同教师商量修改，课时计划可以适当抽查，有的学校实行体育教育组长周前检查、无计划不准上课的制度，对保证教学质量很有好处。

抓“常规”，建立体育教学秩序

制定教学常规，不仅有利于建立体育课的正常教学秩序，严密教学组织，而且对加强学生的教育，培养学生守纪律、讲文明、懂礼貌的优良品质也是十分重要的。其内容包括：出勤情况的报告制度、请假手续的规定、安全措施、穿着要求、陈列收检器材和爱护场地的规定、教师的言传身教规定等，制度建立后要严格执行，严禁“放手式”。

抓“总结”，探索教学规律。

每个体育教师在学期结束时，写一篇教学经验总结，是探索教学规律的重要途径。为便利教师积累材料，学校教务人员可于年初定好每人的总结专题，有目的、有计划地开展教学研究，突破一些教学难题，写出专题经验总结。体育教研组则在每学期结束时，写出全组的教学工作总结，这样，就可不断地、有成效地探索体育教学规律，提高教育教学质量。

小学体育教学的管理

在小学阶段，学生主要依靠课程和有效的教学设施尝试各类运动项目，他们尽情地享受运动乐趣，学习新的技能，进行集体练习，达到锻炼身体的目的。要培养小学生体育锻炼的习惯，应在加强学生在校的体育指导以外，加强与家长的联系共同培养孩子的锻炼习惯。现在欧美等国家都提倡将孩子的体育活动时间增加一小时，这说明着人们越来越重视孩子身心发展中体育运动的重要性了。

培养体育活动的兴趣

小学生最乐意干自己感兴趣的事情，凡是主观上不愿意做的事情他就很难做好。所以，培养他们体育锻炼的习惯也应当从培养兴趣入手。好玩好动是小学生的天性，老师的任务就是保护和发展他们的体育兴趣。

一般地说，经常给学生讲名人锻炼身体的轶闻，与学生一起跑步、做操、打球等，都是促进小学生体育兴趣的有效途径。在具体指导学生进行锻炼时，要注意把体育锻炼和游

戏娱乐结合起来。

比如一边跳橡皮筋，一边教小学生们唱儿歌；又比如，让学生一边排队去做早操，一边唱儿歌。这样的锻炼会使孩子感到满身喜悦，身心都得到锻炼，同时也使学生集中注意力走好路队。当小学生的体育兴趣得到发展和巩固后，老师和家长应有意识地加重体育锻炼的成分，增强学生自觉锻炼的意识。

教师要根据孩子自身的爱好、特点选择孩子喜欢的运动项目。每个孩子都喜欢令人兴奋的体育运动，他们还希望在自己所参加的集体活动中显示出个人成就，这也就是孩子的一种表现欲。我们应该好好利用学生这点，多在活动的设计中出心意，使每个学生都能在活动中体现出属于自己的一项成就。

灌输体育锻炼的常识

体育不是一种单纯的体力活动，只有在锻炼过程中注意学习知识和掌握技术，才能提高体育锻炼的成效。要提高成效就要教给小学生一些常见运动项目的知识和技术，指导学生正确的练习。

比如，锻炼前应做哪些准备活动，体育运动后应做哪些整理活动，又比如跑步的起跑、加速跑、途中跑、弯道跑、终点冲刺等；打篮球的传接球、带球突破、投篮、防守等。

体育锻炼的制度化

小学生做事情往往缺乏自觉性和毅力，对事情的兴趣较容易转移，如果班主任和家长放松对他的督促，他在体育锻炼上就可能出现“三天打鱼，两天晒网”的现象，这样自然就会妨碍体育锻炼的效果。

在学校每周安排的体育课与早锻炼基本能保证学生日常锻炼需要，但是周末以及假期休息时间，学生的日常锻炼就难以保证。往往是在做完作业与培优题后就是看电视与睡懒觉。

因此，家长和老师要帮助孩子制订一个锻炼身体的计划，明确锻炼的目标和内容，规定锻炼的次数和时间。在制订计划时要从小学生的实际出发，合理安排，循序渐进。

运动量要由小到大，逐渐增加，动作由简单到复杂，由易到难，使小学生的机体有个逐渐适应的过程。在制订计划时，在考虑到学生的兴趣、特点的基础上，还应坚持各种运动项目的全面锻炼，使小学生在力量、速度、灵敏、耐力等方面都得到发展，使机体各器官系统的形态和生理功能得到均衡的发展和全面的改善。

在计划的落实方面，老师可能因为全班人数太多而难以全部照顾到，所以应让学生家长在可能的情况下与学生一起锻炼。这既有利于激发学生的兴趣，保护学生的安全，不断提高学生的技巧，也是对学生最好的督促。

家长要经常鼓励孩子坚持锻炼，并且每隔一段时间比如一周、两周、一个月，检查一下孩子锻炼的情况，指出孩子进步的地方，告诉孩子应当改进的地方，这是孩子养成体育锻炼习惯的“催化剂”。

只要老师与家长密切配合，学生体育锻炼的习惯就一定能养成，小学生的身体素质就一定有提高。

中学体育教学的管理

在体育课堂上，培养学生良好的锻炼习惯，对提高课堂教学效果，培养学生终身体育能力，促进学生身心健康地发展有着重要的意义。而习惯是逐渐养成的、不需要任何意志努力和外在监督的自动化了的行动方式。我国著名教育家叶圣陶先生说："什么是教育？简单一句话，就是要养成良好习惯。"

对培养学生体育锻炼习惯，《全国健身计划纲要》中指出："各级各类学校要全面贯彻党的教育方针，努力做好学校体育工作。要对学生进行终身体育教育，培养学生体育锻炼的意识、技能和习惯。"

九年制义务教育体育教学大纲，也把使学生养成锻炼身体的习惯，作为教学目标之一明确提出。因此，体育教师在课堂教学中，应重视培养学生良好的锻炼习惯。

转变观念，提高认识

转变观念，提高对培养学生良好锻炼习惯的认识长期以来，许多体育教师在课堂教学中，主要是让学生通过身体练习来掌握体育基本知识、技术和技能。

传统的教学要求课堂教学非常有序。老师和学生的一举一动都是很有讲究的。这种教学方式，禁锢了学生的思维，阻碍了学生自主性的发挥。

开放的体育课则完全不同，一堂优秀的开放型体育课，追求的外在表现是如何将机械的口令化为某种学生可以接受的方式，有效的渗透到课堂里来，追求的实质性的目标则是完全与体育与健康课程标准一致的。是完全符合健康第一，学生发展第一这个总的目标的。

在课堂上，学生按照自己制订的活动方案进行锻炼，或整班教学，或分小组活动，不再拘泥于某种固定的形式。教师则完全作为参与者和指导者，不是老师要学生学什么，而变成了学生要老师教什么，学生成了课堂真正的主人。

教师在全盘掌握活动计划后，有目的的参与各组的活动，对各组活动情况进行指导或小班化教学。体育教学中应贯彻“情、知”教学原则，采取积极有效措施，激发学生的锻炼身体的积极性，培养和锻炼学生优秀的学习品质，发挥非智力因素的积极作用。

要克服体育教学中的“情”、“知”分离，单纯就体育锻炼而体育锻炼，忽视学生情感或意志因素作用的倾向，使学生从“要我练”转变为“我要练”，“我乐练”和“我乐学”上来，从而积极主动地获取体育知识，掌握体育技能。

不注重培养学生的锻炼态度、兴趣和习惯，有的甚至弃之不顾。其实不然，如果没有端正的锻炼态度，又没有锻炼兴趣和良好的锻炼习惯，学生是无法真正掌握体育基本知识、技术和技能，当然也就无法实现全面提高身体素质。

相反，学生对锻炼如有浓厚的兴趣，又具有良好的锻炼态度和习惯，就会以一种积极的态度，精神饱满地参与练习。因此，体育教师应转变观念，在课堂教学中积极主动地培养学生良好的锻炼习惯。

培养学生的锻炼习惯

培养学生良好的锻炼习惯，包含两层意思。一是培养学生科学地进行身体锻炼，二是培养学生把体育锻炼作为日常生活的一种需要，成为一种习惯。其中，培养学生科学地进行身体锻炼是基础，只有科学地锻炼身体的习惯，才能称得上良好的锻炼习惯。

1.指导学生掌握锻炼身体的方法

不是任何一种活动都是体育活动，也不是任何一种体育活动都能锻炼身体和增强体质，不懂得用科学的方法锻炼身体，不仅会影响锻炼效果，还有可能损害身体健康。

只有懂得和运用锻炼身体的基本原理和科学锻炼的方法，才能达到预期的锻炼效果。因此，体育教师在课堂教学中，应有意识地把科学锻炼身体的基本原理和方法传授给学生。首先，让学生了解人体的结构，各系统器官的功能，身体锻炼的卫生常识，体育动作的规律特点，以及体育锻炼是如何促进人体生理变化的。

这些基本知识可在健康教育课中传授。其次，让学生懂得生理负荷的最佳方案和合理的锻炼程序，以及为什么做与怎样做准备活动和整理活动等方面的知识。

此外，体育教师应根据学生不同年龄阶段，运用不同的锻炼手段和方法，引导学生进行身体锻炼。

2.加强自身的体育锻炼

良好习惯的形成，是意志与毅力的结果，只有经过严格要求，反复训练和努力实践才能形成。前苏联教育家马卡连柯曾说："必须努力尽可能坚强地形成学生良好的习惯，但为了达到这种目的最重要的还是正当行为的不断练习。"

因此，体育教师培养学生良好的锻炼习惯要依据学生的年龄、心理特征，根据教与学的需要与可能，制定严密的、科学的、切实可行的计划，有的放矢地逐个项目培养和训练。让学生准确掌握动作要领和练习过程，要由易到难，由单项到系列，由部分到整体，坚持不懈，反复训练。教师还应经常督促检查，持之以恒。只有这样才能逐渐形成学生良好的锻炼习惯。

3.培养学生良好的锻炼习惯

锻炼态度、兴趣和习惯同属于非智力因素范畴，三者之间互相影响，互相促进。锻炼态度端正，参与锻炼的兴趣浓，必然催化学生良好锻炼习惯的形成。因此，好的锻炼态度和方法都要将它化为习惯，只有形成了习惯，好的态度和方法才能随时表现与应用，好象出于本能，受益于终身。

（1）教师在教学过程的主导作用。青少年学生模仿性强，体育教师是学生直接效仿的对象之一，对学生能否形成良好锻炼习惯有直接的影响。因此，体育教师在课堂教学中，应充分发挥为人师表，言传身教的示范作用，认真贯彻课堂常规，科学地安排教学过程，规范准确的讲解示范动作技术，并且加强练习方法方面的指导。

让每一个学生每一节课，都经受一个科学锻炼身体的过程，并且能体验到成功的愉悦。通过明示和暗示的综合效应，来培养学生良好的锻炼习惯。

（2）促使学生形成自律性。培养学生良好锻炼习惯的过程，学生是主体。外因需要通过内因起作用，只有设法将学生从被动锻炼中解放出来。变被动锻炼为主动锻炼，才能达到培养学生良好锻炼习惯的目的。由被动锻炼转化为主动锻炼，需要很强的锻炼自觉性和自觉能力。

因此，体育教师不但在课堂上培养学生良好锻炼习惯，而且要帮助学生制订有个性特点、具体切实的个人锻炼计划。严格规定锻炼内容、方法、过程、运动量和时间等。并引导学生加强对自己锻炼计划的实施进行自我评价、自我监督，不断提高学生积极参与锻炼的自律性，从而养成良好的锻炼习惯。

注重师生情感融洽

要想师生情感融洽，教师应首先带着一颗爱心去上好每一堂课，时时处处关心、爱护学生，体育教学也不例外。例如某校体育课篮球赛中由于学生之间发生了一些身体碰撞，张同学在碰撞中受到了一点小伤，当时气势汹汹地向方同学冲去，这时，该校教师及时的进行了阻止，并耐心地与张同学进行交流，一边检查并处理伤处，一边与其谈心：比赛中不可避免的有一些碰撞，你要理解对手在比赛中的行为表现，当你处于同样的情况时，你也会为了集体的利益毫不犹豫地冲上前去拼搏，也想获得胜利。这虽然很平常，但是学生从教师的言行上体会到了关心和爱护，从而促进了师生之情。

其次，教师要有热心和爱心。有些知识、技能、技巧学生一时掌握不了，教师千万不可急躁，更不能埋怨，而是应当满怀热情地去帮助、引导学生。如在学习器械动作时女生往往练习的主动性差，个别人总是想法躲藏，甚至不做，造成课堂懒散、沉闷，这时教师除做好示范动作外，跟应当给予学生鼓励，进行耐心讲解，同时还可减小动作难度，让学生从简单易行的动作入手，反复的帮助与指导，逐渐的提高动作难度。

课外体育活动的管理

课外体育活动要合理运用课余时间，开展各种小型、多样、灵活、自由的运动锻炼。课外体育活动可以班为单位，也可以小组为单位，因地制宜地开展。班主任要负责领导、教育，由学生干部负责组织，也可由少数体育爱好者自愿组织活动。学校教务人员要经常检查，协调解决活动中的一些具体问题。

这些活动应把达标活动、课外运动和体育竞赛结合起来。在内容方面，坚持生动活泼、讲求实效、持之以恒的原则。由于季节变化，

项目安排要能适当，如夏季可安排乒乓球、游泳及活动量小的田赛活动，冬季可安排跳绳、踢毽和跑步等。

教导处应把课外的体育活动与体育课交错安排，列入课表，保证每天有1小时的体育活动时间。安排时还要注意场地、器材合理分配，并有防止伤害事故的措施。

体育活动的管理

1.运动会的管理

中小学每年应开一至二次田径运动会，时间安排在春秋、季节。如果一年一次，则可在秋季开田径运动会，春季开展球类等单项竞赛。田径运动会是检阅学生体质和运动水平，推动体育活动，进行集体主义教育、纪律教育，表彰先进个人和集体的有效活动形式。

学校要把运动会列入计划，做好组织发动工作，号召各班学生积极参加锻炼。在会前要检查和修整场地，检查体育器材，做好动员工作，加强保护措施，在运动会期间，可通过广播或小报，及时公布成绩，表扬好人好事。

除根据竞赛成绩奖励优秀班级或个人外，还可以设精神文明奖，对体育道德作风好或纪律、礼貌好的班级，给予表扬或奖励。运动会由校长主持，体育组负责组织和裁判，全体教职工参加工作，团、队、学生会及各班班委会配合。运动会一般举行一至二天。运动会如果组织得好，对体育活动的开展和团结友爱的风气的形成，都有积极作用。

2.体育竞赛活动的管理

小型单项的体育竞赛活动，可以激发学生运动兴趣，提高运动技术水平，丰富学生生活，活跃学生身心，培养学生的荣誉感和集体主义精神。体育单项竞赛活动要有计划地进行，在整个学期中，力求均衡安排，避免时松时紧，从不同的季节特点出发，安排多种多样的

项目。竞赛有年级的、班际的和小组之间的。要加强比赛中的思想作风，提倡竞赛者的共产主义风格和观众的文明礼貌作风。

3.学校运动队的管理

根据学校的不同条件和校际比赛的需要，可组织各种校运动队。运动队要有专门的教师负责，运动员的选择，既要看运动员的技术水平，又要看德、智两方面的表现，坚持自愿原则，并通过班主任的推荐，由体育组决定，把名单抄送教导处备查。

训练时间每周两至三次，每次时间以60分钟左右为原则，要教育学生以中国女排为榜样，培养出作风好、思想好、技术精、纪律严的运动队伍。

推行《国家体育锻炼标准》

《国家体育锻炼标准》，是促进学生正常发育，提高学生体质的重要制度，要订出计划，落实措施，积极推行。推行此项标准并不是孤立的，也不能搞突击，而应与体育课、课外锻炼和运动竞赛结合起来。

在坚持经常锻炼的前提下，每学期进行一次“达标”测验。测验的项目，根据规定要事先公布，使学生有目的地进行锻炼，测验成绩要如实记载，和体育成绩一并记入学籍簿和通知书。还可表扬“达标”好的班级和个人，以促进经常性的体育锻炼活动。

NO2. 体育与学生的成长

体育对学生生理的影响

处于生长发育关键时期的学生是学校体育过程构成的基本因素，学生既是学校体育的对象，又是学校体育的主体。学生的身心发展规律、学习潜能、学习积极性、认知能力直接制约与影响学校体育的效果与质量。

认识中小学生的身体发展

中小学生身体形态的发育是随着年龄的增长而增长的，具有波浪式和阶段性的特点，并且具有明显的年龄特征和性别差异。

1.学生身体形态发育的主要特点

身体形态是身体的外部形状和特征，一般是由长度、围度、重量

及其相互关系来表现的，身体形态发育主要受遗传因素和后天环境影响。学生身体形态发育是随年龄的增长而增长，具有波浪式和阶段性的特点。学生身体形态发育高峰出现在青春期，随后，增长速度逐渐减慢，直到成熟为止。

2.学生身体机能发育的主要特点

（1）神经系统。小学阶段，神经活动第一信号系统的活动占主导地位，主要靠具体的直观形象建立条件反射，第二信号系统相对较弱，抽象思维能力较差。初中以后，神经抑制过程得到发展，抽象思维能力不断提高，两个信号系统的相互关系更协调和完善，分析综合能力显著提高，能较快建立各种条件反射。

（2）骨骼肌肉系统。青少年、儿童骨骼发育主要表现为长骨的快速增长，骨的弹性大而硬度较小，容易弯曲，发生畸形。因此，要特别关注学生身体的正确姿势。

（3）呼吸系统。青少年、儿童呼吸系统的发育随年龄的增长而日趋完善，功能逐渐增强。小学和初中的学生胸廓较小，呼吸肌较弱，呼吸表浅，呼吸频率较快，肺容积小，肺活量也较小，呼吸调节机能较弱。

（4）心血管系统。中小学生的心脏发育不如骨骼肌快，心肌纤维细，心收缩力较弱，心率较快，心脏每搏输出量比成人低。随着年龄增长，心收缩力逐渐增强，心率逐渐减慢。

3.学生体能发展的主要特点

体能的发展随着年龄的增长而变化，表现出明显的年龄特征和性别差异。调查与研究结果表明，男女学生体能的发育速度不同，表现出明显的波浪性和阶段性。根据学生体能增长速度的特点和增长速度的基本趋势，可将学生体能的发展分为快速增长期、慢速增长期、稳定期和下降期。

在体能发展的过程中，不仅存在一个连续增长速度较快的时期，而且还有一个体能发展的敏感期，即体能增长较快的年龄阶段称为体能发展的敏感期。

促进学生身体发展的主要表现

学校体育的本质功能是促进学生身体发展。学校体育对促进学生身体发展的功能主要表现在一些重要方面。

1.促进身体形态正常发育，养成正确身体姿势

青少年学生正处于生长发育的关键时期，身体形态的可塑性较大，经常参加体育锻炼可以促进骨组织的血液循环、骨密质增厚，使骨骼更加结实粗状，抗折性提高，肌肉收缩更加有力强健，关节更加灵活牢固，这些变化有利于促进学生身体形态的正常发育，养成正确的身体姿势。另外，经常参加体育锻炼，还可能使骨骼变长，对青少年学生身高的增长具有积极的促进作用。

2.提高机能水平，全面发展体能

经常参加体育锻炼能促进血液循环，提高心脏功能，改善呼吸系统功能，促进骨骼肌肉的生长发育，提高抗弯、抗压、抗折能力。还能促使中枢神经系统及其主导部分大脑皮层的兴奋增强，抑制加强，从而改善神经过程的均衡性和灵活性，提高大脑分析综合能力，使机能水平得到提高。

3.提高适应环境，抵抗疾病能力

体育活动是在各种外界环境和条件下进行的，如严寒、酷暑、风雨等，由于环境条件的变化，不可避免地使人受到影响，人体必须随时调节各器官系统的功能来适应这种环境的变化，使人体的内外环境能保持相对的平衡。

体育对学生生理的影响

学生的心理发展的认识

学校体育不仅具有促进学生身体发展的作用，而且具有促进学生心理发展的作用。所谓学生心理发展是学生个体心理所发生的积极的心理变化，主要包括学生的认识发展、情感和意志发展、个性发展三个方面。

1.认识发展的特点

（1）感觉。是人脑对直接作用于感官的刺激物的个别属性的反

映，知觉是对事物整体的反映。小学生感知能力较差，抽象思维尚未形成，其思维形式以感觉运动模式为主，这一时期模仿能力较强。

学生往往对新颖动作示范很感兴趣，而对教师的讲解则缺乏热情，因此，教师应多运用正确、生动的讲解，优美、形象的示范，通过直观方式来丰富学生的感性认识。

到中学阶段，学生的感知能力都有很大提高，能比较全面地感觉事物，尤其是运动知觉随着年龄的增长而提高，主要是通过大量的运动实践，在实际体验中逐渐发展起采的。

（2）注意。注意是心理过程对有关对象的指向与集中。小学生有意注意水平不高，无意注意起重要作用。随着年龄的增长，到中学阶段，学生的有意注意发展显著，稳定性提高，注意范围扩大，注意的分配和转移能力不断发展，自觉性和灵活性也有所增强。

这一阶段，随着注意的发展和抽象思维能力的提高，学生能较好地调节和控制自己的注意，为系统地掌握体育知识和技能奠定了基础，但注意力在一定程度上仍受兴趣、爱好的支配。

（3）思维。学生思维的发展是从具体到抽象，从低级到高级，既有连续性又有阶段性的发展变化过程。在小学阶段，学生的思维处在从具体形象思维向抽象思维过渡的时期。

到了初中阶段，学生的抽象逻辑思维便开始占有相对的主导地位，这既是个体思维发展中的一个质变，也是少年期思维发展的主要特点。少年期的另外一个思维特点是思维的独立性和批判有了显著的发展但在很大程度上还属于经验型。

2.情感和意志发展的特点

（1）情感。情感是人们对客观事物的态度体验和相应的行为反应。青少年时期正处在向成人过渡的时期，也是身心发展最迅速的时期。小学阶段学生的情感体验丰富、生动、表现强烈、鲜明，但对情

绪和情感的控制力不够。

如个人或集体在游戏或比赛中获胜而欢呼雀跃，也会因一时的失败而垂头丧气。从情感的发生和发展看，中学阶段学生的情感特征主要表现在情感强烈而且容易冲动，情感丰富而不稳定，情感表现具有间接性，情感发生的心境性，情操在逐渐形成。

（2）意志。意志是人们自觉地克服困难来实现预定、的目的任务的心理过程。小学生意志的独立性、果断性、坚持性和自制性都比较差，他们常依靠外部影响来完成某一活动。

初中以后，学生的独立性和坚持性都迅速发展，果断自控能力也随之增强。处处表现出精力旺盛，相信自己力量无穷，但在认识水平上，却还没有发展到与体力相匹配的程度，容易过高估计自己的力量，以致容易草率地做决定和仓促行事。

3.个性发展的特点

个性是指个人整个的面貌，包括与他人相同的心理特征，也指某人区别于他人所具有的意识倾向性以及经常出现的较稳定的心理特征的总和。个性包含个性心理特征和个性倾向性两个方面。

个性心理特征由气质、性格和能力三方面因素组成，其中气质受遗传因素影响较大，性格主要是由环境和教育影响决定的，气质和性格共同对一个人的能力产生影响。能力的发展有快有慢，在不同个体身上有高有低。

个性倾向性由需要、动机、兴趣、信念和世界观等构成。对于中小学生来讲，动机和兴趣是其个性心理的集中表现。小学生直接动机占主导地位，随着年级的升高，间接动机更显重要。

因此，体育教师应有计划、有组织地加强体育锻炼目的性的教育，不断提高学生正确的锻炼动机，使之成为推动学生自觉学习、锻炼和从事专项训练的动力。

就小学生的体育兴趣而言，一般都具有广阔多样性，因为他们对各项运动都感兴趣。到中学阶段，体育兴趣不断分化，并表现出明显的性别差异，男生多喜欢负荷量大，竞赛性强，能表现机智、灵活、敏捷的运动项目，如球类、田径、武术等；女生则喜欢动作轻快、优美、节奏韵律感强、运动强度不太大的运动项目，如舞蹈、艺术体操、球类项目等。

学校体育对学生心理发展的作用

青少年时期的心理变化是一生中最复杂的时期，也是培养健康心理的关键时期。长期的体育锻炼对学生心理健康具有促进作用。

1.促进智力与能力的发展

智力又叫智能，是一个人认识能力的有机结合。具体地讲，智力主要包括观察力、记忆力、想像力和思维能力。智力的发展首先依靠人的大脑发育成熟，其次依靠人的各种实践活动的深入进行。

研究证明经常参加体育锻炼可以达到促进学生智力发展的目的。

通过名种各样的体育活动，可以促进学生大脑的发育和改善神经系统的工作能力!为智力的开发奠定生物基础。

大脑是人体的最高指挥部，人体一切活动的指令都是由大脑发出的。参加体育活动，可以改善大脑供血、供氧情况，促使大脑皮层兴奋性增强，神经系统的均衡性和灵活性加强，对体外刺激的反应更加迅速、准确，使人头脑清醒、思维敏捷、分析综合能力加强。

另外，体育锻炼所引起的一些非智力成分的良好变化，如情绪稳定、性格开朗、疲劳感下降等均对智力的提高有重要的促进作用。

另外，学校体育本身是一项创造性的活动，蕴涵着丰富的开发智力、培养创造力的内容，对全面培养学生的观察能力、广泛训练记忆能力、启迪诱导想像力和提高思维能力具有重要的作用。

研究表明，运动有助于开发大脑右半球的功能，对发展儿童的直觉、空间转换、形体感知等形象思维及创造力具有重要作用。

2.调节情绪，缓解心理压力

情绪是人对客观事物是否符合自己需要而产生的态度体验。情绪状态是衡量心理健康最主要的指标。学生在紧张的学习过程中，经常会因学习、生活、同学关系等产生紧张、忧愁、压抑、悲观等不良情绪反应。

体育活动则是改善不良情绪的一种非常适当的方法。在体育锻炼过程中由于大脑处于较强的活动状态，体温升高以及脑内啡呔释放等原因，可以转移个体不愉快的意识、情绪和行为，降低焦虑，消除忧郁，摆脱痛苦和烦恼，分散注意力，缓解心理压力。另外，参加体育锻炼对改善孤独、胆怯、优柔寡断、缺乏信心等心理缺陷也具有积极作用。

3.有助于情感的发展

人的情感是在活动中产生、变化和发展的。体育锻炼对情感的发展具有重要的作用。首先，体育运动项目的多样性、运动过程的趣味性、运动环境的复杂性，能发展学生的愉快、乐观、友爱、同情等多种多样的情感。

其次，运动的集体性，可以使学生的情感社会化，养成热爱集体、互助互谅的集体主义情感。

最后，运动的竞争性，可以培养学生不怕困难、勇敢奋战的乐观主义情感，成为夺取胜利的推动力。此外，体育锻炼还有助于培养学生的道德情操、美感和理智等。

4.锻炼意志，增强进取心

意志是指自觉地确定目的，根据目的支配和调节自己的行动，并需克服各种困难，从而达到预定目的的心理过程。意志品质指学生的果断性、坚韧性、自制力以及勇敢顽强和主动独立等精神。

一个人的意志既是在克服困难的过程中表现出来的，又是在克服困难的过程中培养起来的。体育锻炼是锻炼学生意志，促进其意志发展的最优活动之一。

无论是体育教学还是运动竞赛，都要求学生具有明确的目的；为实现目的而克服困难的决心和战胜强敌的勇气；在瞬息万变的运动环境中迅速选择应变措施的决断力；长期艰苦锻炼的坚韧性；遵守比赛规则和为了集体利益而克服个人欲望的自制力等。

体育锻炼的独特环境条件，对于培养学生不断地在活动中克服客观和主观困难，在克服种种困难之中培养良好的意志品质，并使这些品质迁移到日常生活和学习中，增强学生在学习、生活中的进取心都具有积极的作用。

5.培养与形成健康的个性

所谓健康的个性，从内部的心理机制来说，是一种身心和谐发展的个性。从外部活动的效能来说，是一种富有高度效能的具有创造性

的个性。

就学校中的各种体育活动而言，都是学生身心处于动态之中的各种身体活动、游戏及教学比赛。这些活动和练习具有竞争性、娱乐性、规则性、不确定性等特点。

学生在激烈的对抗中，身体活动不但给机体施加刺激，还在头脑中引起各种心理感受，其思维活动与机体活动紧密结合，使个性在活动中得到充分的显示和发展。

另外，学生可以从体育锻炼中尝试成功的喜悦和得到尊重的心理满足，证明自己的能力，增强其自信与自尊，使个性得到发展，形成良好健康的个性品质。

提高学生心理发展水平的基本要求

1.把心理发展渗透到学校各项体育活动中

学校体育内容丰富，形式多样，有深刻的寓意和趣味，富有挑战性的魅力，符合生命力旺盛、生性好动的青少年的“口味”，满足其

好奇、探究体验和冒险心理。

学校体育实践又具有宽阔的容纳空间，对不同动机、不同能力、不同年龄的学生均具有适应性。参加体育活动是培养学生良好心理品质的重要渠道之一，学校体育工作者要充分认识到这一点，不失时机地开展各项体育活动，并有意识、有目的地对学生心理施加影响，使身心达到最佳状态，以满足促进学生心理发展的需要。

2.激发运动动机，培养运动兴趣

运动动机是激励学生参加体育锻炼的内在动力，往往以兴趣和愿望的形式表现出来，而运动兴趣在运动动机中是最重要的成分。大量事实证明，学生运动兴趣如何，对其参与体育学习和体育活动的影响特别大。

学生有了运动兴趣，才会经常参与体育锻炼，才能养成坚持体育锻炼的习惯，树立终身体育意识，也才会将体育活动作为生活中不可或缺的重要组成部分。

学生喜爱体育锻炼并从中获得乐趣是体育锻炼产生良好心理效应的基础，如果学生对体育锻炼没有乐趣，没有在克服困难过程中产生的满足感和良好的情绪体验，就无法激发调动与培养学生对体育的热爱。

因此为了培养学生的运动兴趣，满足学生的体育需求，学校体育应注意以下几个方面：首先，要努力建立良好和谐的师生关系，营造轻松、愉快、和谐的体育学习和体育锻炼气氛。

其次，学校体育的内容要充分考虑学生的身心发展特征，合理选择创编与学生年龄相适应的、具有较强的趣味性、娱乐性的体育运动项目和活动。

最后，学校体育学习与锻炼的手段和方法要丰富、多样，切忌采用单一死板的体育教学和锻炼手段和方法。

3.尊重个性差异，发展学生个性

在学校体育教学中发展学生的个性，首先，要善于认识与理解学生的个性差异，在体育活动中，学生最能表现出自己的个性，体育教师应该认真的思考与分析，在认识与理解学生个性的基础上，尊重个性差异的存在，并以此为前提对学生施加引导和教育。

其次，要努力培养学生的自我意识，自我意识是意识的核心内容，标志着个性的形成与发展的水平。在体育活动中，支配学生身体运动的自我意识，渗透着社会、学校、家庭等因素的影响。体育教师应该有目的地培养学生的自我意识，以高尚的、有效的社会影响因素作为支配学生参加体育锻炼的内驱力，为个性的发展创造一个理想的环境。

最后，正确处理统一要求与区别对待的关系，正规的体育运动项目的场地、器材、规则等都有统一要求，运动动作完成的质量与水平也都是非常显性的，容易导致整齐划一、齐步走的现象。

因此，体育教师在指导体育教学和体育锻炼的过程中，应根据学生身心发展的特点和教育学的要求，对体育运动进行改造与创新，应帮助与引导学生建立和实现共同目标与个人目标，鼓励学生发挥各自的特长和不同的技术风格。

体育教师应充分利用课外体育活动，积极开展课外运动训练与竞赛，把学生的接触面扩大到整个学校，甚至面向社会。通过参加一些有针对性的体育竞赛，展示自己的才华，发挥自己的技能，锻炼自己的胆量，提高自己的进取心。

体育对学生品德的影响

学校体育是学校教育的有机组成部分，是对学生进行思想品德教育的重要手段。学校体育寓思想品德教育于身体活动之中，它将对学生进行道德意识的培养与道德行为有机地结合起来，并要求学生在活动中立即付诸于实践，使学生的行为表现直接受到实践的检验，这利于体育教师有针对性的向学生进行思想品德教育。

传授知识与进行思想品德教育从来就是结合在一起的。体育教学主要特点在于任何一种知识的接受和理解都需要作为学生的亲身体验

实践。这就充分地显示出体育的活动性，正是由于这种活动性，才能更容易表露学生内心世界，从他们的行为中可以了解其性格品质。体育的这一特点是其他学科无法比拟的。正是由于这种特点，体育教师更应该加强对学生道德意识的培养，在活动中使学生知、行统一。

体育教学在学生思想品德形成中的作用

体育教学是对学生进行思想品德教育的重要途径。学生在体育活动中，需要克服困难和具有坚忍不拔的意志以及不甘落后的进取精神，还要处理好个人与集体的关系等。因此，体育本身具有很丰富的思想品德教育的因素。

1.对学生意志品质形成的作用

（1）对自觉性形成的作用。在体育教学中，教师利用教材中的知识和生动、形象、鲜明的事例如体育的目的任务及重要性；我国体育健儿在比赛中取得优异成绩来激励学生。通过这些去影响学生的思想、情感和行为，激发他们的爱国热情，由动情而晓理，有晓理而意行。通过这些教育，使学生树立远大的理想，而好好学习。

（2）对果断性形成的作用。体育运动中的果断性是非常重要的，在体育运动中，各种突发事件都需要运动员果断地处置，甚至不容犹豫、不假思索，这种情况经常发生，故在体育教学中，教师就要有目的地培养学生的果断性，提高突发事件的处理能力。

（3）对自制力形成的作用。高尔基说得好：“小小的克制，也会使人变的强而有力。”体育运动中许多情况下都要求运动员有较强的自制力，冷静地对待各种矛盾、问题，我们在体育教学中就需要加强对学生自制力的培养。如在体育教学中，站队集合要求“快、静、齐”；列队练习做到步调一致，排面整齐。故我们通过长期不懈地严格要求，来培养和发展学生的自制力。

（4）对坚忍不拔的意志形成的作用。体育运动必然会使身体疲

劳，在身体疲劳的时候，人的意志品质就非常重要，所以体育运动的成功往往包含在“再坚持一下”的努力之中，体育教师应时刻严格要求学生，通过每一堂课、每一次联系，逐渐培养学生的坚忍不拔的意志。

2.对学生高尚品德形成的作用

体育运动是运动员的生命。体育运动中严格组织纪律性、诚实比赛、按规则办事、发扬团队精神，互相帮助、热爱集体、关心他人等优良品德的形成都离不开体育教学中对青少年的教育培养。

3、对学生思想作风形成的作用

学校学生的思想作风好坏，直接影响到一个学校的校风和课的质量。体育教学中，制定的课堂常规，对学生的上下课形式和整队、考勤和请假，安全保护和有关衣鞋服装的规定，使学生养成了良好的习惯，培养学生遵守纪律的好思想、好作风。

体育教学中培养学生思想品德教育

1.根据教材的特点注意引导教育

学校体育教材分理论和实践两大部分，理论部分的教材内容都有鲜明的思想性。如体育的目的和任务，可以提高学生对体育的正确认识，树立为四化建设锻炼好身体的思想，把积极参加体育锻炼和为实现新时期总任务做贡献结合起来。

科学锻炼身体的原则和方法可以启发学生敢于在各种不同条件下坚持锻炼，提高身体对自然环境的适应能力，培养学生终身体育锻炼的良好习惯。

因此，体育基本理论教材是教师有目的向学生进行思想教育的重要内容。这就需要教师在实际课中，有计划地、统筹地安排好每学期的体育理论课，以期收到良好的教育效果。

体育教材的实践部分是体育教学的重要内容，是属于体育运动的

技术。每个技术动作都有它自己的特点，在课中应充分利用寓于教材和课中的各种课因素，有目的、有计划地对学生进行各方面的思想教育。

如：教授各种器械体操、跳跃项目便于培养学生勇敢精神；篮球、排球项目可以培养学生团结合作、维护集体利益，自觉遵纪守法和胜不骄败不馁的优良品质。

如在教800米长跑时，把技术动作认真讲解示范并提出了练习的要求，注重强调思想教育因素，克服紧张、畏惧和怕苦心理，运用心理暗示法，暗示自己体力好，感觉也不错，以达到稳定情绪的目的，用注意力转移法，使其把注意力转移到调整呼吸的节奏上来，这样一来既促进了他们充满信心地去完成任务，也使他们在努力完成任务时进一步磨练意志品质。

2.认真抓好课堂常规教育中的思想教育

在体育教学中，利用各个课重要环节，进行课堂常规教育，使课堂课常规化、制度化，通过课堂常规的建立和贯彻，向学生进行文明礼貌、组织纪律、思想作风和安全教育，逐步养成学生自觉锻炼身体的习惯和一些优良的思想品质。

体育课的开始要对学生进行动员，提出本次课的目的要求和注意事项，结束时要进行讲评总结。通过动员，对他们进行学习目的性教育；通过竞赛和游戏，培养他们集体主义精神和果断、机智、勇敢、顽强的优良思想品质；通过队列队形练习，可以培养他们组织纪律性和朝气蓬勃的精神面貌，提高他们反应速度、动作准确和协调一致的能力。

值日生借还体育器材和整理场地，可以培养他们热爱集体、热爱公益劳动和爱护公物的良好品质。这样一来，将思想教育同体育教学中的组织与方法有机地结合起来，既有利于提高课质量，有能增强思想教育的效果。

意志品质的形成总是和克服困难相联系的。在课练习中增大难度、强度，使他们的意志品质在完成各种所能承受的运动中得到磨炼。学生在课堂练习中处于运动的状态，他们的思想品质上的各种弱点也会在练习强度和课的不断深入过程中表现出来，针对出现的问题要及时处理、及时教育。

3.注重榜样的教育

运用体育先进事例进行榜样教育：通过介绍我国体育健儿在国内外重大比赛中所取得的新成绩，优秀运动员刻苦训练，为祖国争得荣誉，使我国在国际体育史上产生了深渊的影响等，使学生在平时锻炼及学习中，能够以这些体育健儿为榜样，不怕苦，不怕累，从而达到良好的课效果。

学生的榜样教育：每年全校都要评选各类的积极分子，而体育积极分子应该占全校学生总数的2%左右，这对推动学校的体育教学起到了促进作用。

教师的自身榜样作用：教师的思想品行和业务水平，包括文化素养、课风格、言行仪表、工作态度和职业道德品质都对学生产生影响。当学生意识到从教师身上看到了他们所希望的形象时，就产生了积极的榜样教育的效果。

如课堂中，教师勇于吃苦耐劳，不怕苦累，不怕太阳晒，不怕风吹和寒冷，工作认真负责，准备活动和同学们一起做，示范认真规范，尽量满足同学们的要求，练习时积极为同学们当陪练，耐心帮助后进的同学等。要求学生做到的，教师先做到，以自己的实际行动去激励同学，从而达到教育的目的。

体育与学生的社会能力

在现代社会中，青少年学生的社会适应能力越来越受到教育者的广泛关注，提高学生社会适应能力是学校体育的重要目标。

认识社会适应及社会适应能力

1.适应及社会适应

适应原是指有机体改变其生理构造和功能以适应环境、图谋生存的过程。社会学的适应是指一个社会体系适应自然和社会环境的过程。

在社会学中，社会适应是指个体或群体调整自己的行为使其适应所处社会环境的过程。它有别于生物自我调整以适应自然环境过程的

生物性适应。

社会适应有两种方式：一是个体通过调整、改变自己的观点、态度、习行为以适应社会条件和要求，这属于生存适应。二是尽最大的能力改变玉使之适合自己发展的需要。社会适应过程实质上是个体不断社会化的过程。

2.社会的健康

社会适应能力及社会化社会适应能力，又称社会健康。指个体与他人及社会环境相互作用、具有良好的人际关系和实现社会角色的能力。

个体社会适应能力的高低取决于个体社会化程度的高低。社会化是指人的内化、角色学习和获得价值的统一过程，即是把一个生物的人塑造成一个合格社会成员的过程。

在这一过程中，个体必须适应自己生活的社会变化，在与他人的交往与互动中逐渐形成自我观念，协调人际关系，学习和体验不同社会角色，学会承受各种挫折。在个体社会化进程中必须面对各种冲突并学会妥协和顺应、合作与竞争，要学习各种规则和价值观，弄清哪些行为是能被社会接受的等等。

这种不断学习、不断调适的过程就是一个个体社会化的过程，也是每个个体不断提高社会适应能力的过程。

体育对提高社会适应能力的作用

学校体育中的体育课堂教学、课余体育锻炼、课余体育竞赛等对学生社会适应能力培养都起着非常重要的作用。

1.有利于提高学生社会交往能力

和谐的人际关系是通过相互交往建立的，人际交往是指在社会活动中人与人之间信息交流和情感沟通的联系过程。

学校体育所提供的人际交往时间和空间，可以增加学生之间接触

和交往的机会，有助于学生学会正常的人际交往，协调人际关系。

学会与人相处的艺术，学会公平竞争，学会宽容别人，摆脱以自我为中心的意识，认识到作为集体一员的责任和义务，增强对集体和社会的责任感。

体育活动中的人际交往具有单纯性、规范性、频繁性、直接性等特点，它有利于有目的地建立和谐的人际关系。在体育活动中，同学之间的接触比学习生活中其他许多方面的接触要便利、直截了当。

运动场地、时间常常是固定不变的，爱好运动的同学却会不约而同地来到运动场地结队比赛，并由于在激烈竞争中身体的强烈对抗，集体协作中的默契配合，很容易在短时间内就打破心理上的交往障碍，增进了情感，巩固了友谊，提高了社会交往能力。

2.有利于培养学生竞争意识

竞争是体育运动的主要特征之一，在体育运动过程中，时时处处都充满着竞争，既有对自己运动能力的挑战，也有与他人的争胜，既有人与人之间的竞争，也有团队之间的竞争。经常参加体育比赛有助于培养学生的竞争意识和能力。在体育运动比赛中具有鲜明的竞争性，从某种程度而言，参加体育活动本身就意味着竞争。

然而，竞争的结果总与胜败相伴，体育运动既能激励学生追求胜利，也能锻炼学生不怕失败和承受挫折的能力。在体育竞赛中存在的必然发生的失败结果，对于失败的个人或群体来说无疑是一种良好的挫折训练。

学生在体育竞赛中多少都会经历失败，这种失败引发的挫折体验，对学生是一种心理磨练和心理调适过程，也是提高社会适应能力的过程。

3.有利于培养学生自我约束力

在学校体育活动中，各种集体练习、游戏和竞赛都有其特定的规则与要求，学生在从事这些体育活动时都会遵守相应规则，甚至在没有教师或裁判的情况下，也会自觉地用规则来约束自己。如果有人违反规则，不仅会受到相应规则的处罚，还会受到同学们的责备。

因此，在体育比赛中，约束学生的是无形的力量——规则。这种特殊的“规则效应”使学生在活动中逐渐学会遵守纪律、尊重裁判，学会约束自我、公平竞争，从而形成良好的体育道德规范。

参加体育活动时常常要扮演不同的角色，而这些角色与现实生活中的一些角色比较相似，参加体育活动还必须遵守一定的规则和道德规范，而这些规则或规范与现实生活中的法律、道德规范相似。

因此，通过参加多种体育活动，能够使人有机会体验和学习扮演不同的社会角色使自己的品行符合一定规范，成为一个遵纪守法、有公德的好公民，这对提高学生的社会适应性极为有利。

培养社会适应能力的基本要求

1.营造民主的体育氛围，建立融洽的师生关系

在学校体育教学中的各项体育活动，对于促进人的社会化所起的作用是其他学科不可替代的。通过学校的体育教学，学生参加大量的身体练习这些都是人类生活技能、劳动技能、军事技能的提炼与综合。

它们既源于生活，又高于生活，把生活与体育紧密地联系在一起。营造良好的、宽松的学校体育氛围，建立和谐的师生关系，有助于学生生动活泼地进行体育学习、锻炼、训练、竞赛。

2.优化学校体育环境，创造良好的体育锻炼空间

体育场地器材条件是开展学校体育活动的重要物质基础，良好的体育锻炼环境可以吸引更多的学生参与体育锻炼。因此，要努力优化学校体育环境，为学生提供良好的体育锻炼空间，以便激发学生参加体育锻炼的热情，增加学生之间的交往，提高其社交能力。

学校体育环境的优化主要包括三个方面，一是加强学校体育场馆、设施建设。二是使用生态型体育器材和产品，从而减少尘土、噪音对人体的伤害。三是选择符合学生身心特点、有利于防止与降低运动损伤的体育手段和措施。

3.组织课外体育活动，提高社会适应能力

课外体育活动是学校体育的重要组织部分，组织开展与学生年龄相适应的、丰富多彩的体育活动，内容可以是体育运动项目、体育游戏、体育郊游、远足等。

组织形式包括各种体育运动项目的活动小组，课外体育俱乐部等。组织学生在课余时间走出教室，参与体育活动，加强同学间的友谊，提高群体意识，使人际关系变得更加和谐、融洽，锻炼学生克服困难的精神，提高适应外界自然环境的能力。

NO3.体育锻炼主要项目

田径运动的基本常识

田径运动具有竞技体育的特点，无论是短距离径赛，还是中长距离走、跑项目，也无论是跳跃，还是投掷项目，都要求运动员能够发挥最好的体能和最大的意志力。田径比赛实际上是“强度”比赛。创造一项优异的田径成绩，反映着运动员的身体训练、战术训练的综合效果。

短跑

短距离跑指400米以下的短跑。比赛项目有：60、100、200、400米跑。短跑对内脏、神经和肌肉系统都有很大锻炼作用，对发展速

度、力量、灵巧等素质效果明显，是田径运动的基本项目。短跑在其他运动项目的训练中也占有重要地位。古代奥运会已有短跑比赛，是历届奥运会竞争激烈的项目之一。

竞走

竞走是发展耐力的田径运动项目之一，其特点是两脚交替走步，步幅大，步频高，受一定规则的限制。1908年第4届奥运会首次举行3500米和10英里竞走比赛。

经常练习竞走可以增强两腿、肩背、腰部肌肉力量，提高呼吸系统及心血管系统机能。对改善神经系统活动能力，促进机体代谢有良好作用。竞走还可以培养刻苦耐劳的精神和坚韧不拔的毅力，是男女老少四季皆宜的户外运动。

跳高

又称急行跳高，田径运动跳跃项目之一。它是由助跑、单脚起跳、越过横竿与落地等动作组成。跳高作为比赛项目始于爱尔兰和苏格兰。1800年跳高列为苏格兰运动会的比赛项目之一。从事跳高运动能增强腿部力量，提高弹跳能力，发展灵巧和协调性，还能培养勇敢、坚定、沉着、果断的品质。

跳远

又称急行跳远，是在助跑道上沿直线助跑，在跑进中用单脚起跳腾空，最后双脚落入沙坑的田径运动项目。在古代奥运会中即作为比赛项目之一。1948年伦敦举行的第14届奥运会，女子跳远才列为比赛项目。

推铅球

田径运动项目之一。规则规定在直径135米的圆圈内，用单手将铅球由肩上推出，铅球必须落在40度角的扇形区内。推铅球的远度是由铅球的出手初速度、出手角度和出手高度三个因素决定的。

球类运动的基本常识

篮球

用球向悬在高处的目标进行投准比赛的球类运动。最初是用装水果的篮筐作投掷目标，所以叫“篮球”，是1891年美国体育教师奈史密斯博士所创造的。1904年第3届奥运会第一次举行了篮球表演赛。

1908年美国制定了全国统一的篮球规则，用多种文字出版，向全世界发行。篮球运动逐渐成为世界性运动项目。1932年国际业余篮球联合会成立。1936年第11届奥运会后将篮球列为正式比赛项目，并统

一了世界篮球竞赛规则。

国际上重大篮球竞赛除奥运会篮球赛、世界蓝球锦标赛以外，还有传统的欧洲、亚洲、南美洲、中美洲，泛美运动会等地域性的篮球赛及世界大学生、中学生运动会篮球赛，世界军队和世界俱乐部篮球锦标赛。

篮球运动能促使力量、速度、耐力、灵活性等身体素质全面发展，提高内脏器官、感觉器官和神经中枢的功能，培养勇敢机智，集体主义和组织纪律性。

排球

两队对抗，每队6人分两排站位，以中间球网为界，用手击球过网以决胜负的一项球类运动，排球运动始于19世纪末，是1895年美国体育指导员摩根所创造。他在室内挂起约2米高的球网，以篮球胆为球，同别人一起用手将球在网上拍来拍去，不使落地。

以后又把篮球胆改为排球。这种球是在空中打来打去，所以叫volleyball，就是空中击球的意思。1947年国际排球联合会在法国巴黎成立。1949年举办了第一届世界杯男子排球锦标赛。1952年举行了第1届世界女子排球锦标赛。1964年奥运会把排球列为正式比赛项目。1965年和1973年分别举行了第1届世界杯男、女排球锦标赛。1977年又举行了第1届世界青年男女排球锦标赛。

以上这些比赛都是每4年举行1次。排球运动能促进人体各器官系统的正常发育，使身体得到均衡发展，使人动作灵活，反应迅速，增长弹跳力，能培养勇敢、坚毅、机智、果断和集体主义等优良品质。

20世纪初，排球传入中国。1911年上海举行了第1届排球表演赛。1913年参加了第1届远东运动会排球比赛。1914年旧中国第二届全运会把男子排球列为正式比赛项目。1924年的全运会又把女子排球列为表演项目，1930年才列为正式比赛项目。新中国成立后，1954年国际排球联合会接纳中国排球协会为正式会员。1956年中国男女排球队首次参加在巴黎举行的世界排球锦标赛，女队获第6名，男队获得第9名。

1979年12月，中国男女排球队双双战胜日本队和南朝鲜队，第1次获得亚洲锦标赛冠军。1981年11月在日本举行的第3届世界杯女子排球比赛中，中国女排7战7胜获得冠军。1982年9月在秘鲁利马举行的第9届世界女子排球锦标赛和1984年10月在美国洛杉矶举行的第23届奥运会中国女排又登冠军宝座。

足球

以脚为主支配球的一项球类运动。现代足球运动是世界上开展最广泛、影响最大的运动项目，被称为“世界第一运动”。公元10世纪以后，法国、意大利、英国等国有了足球游戏，到15世纪末叫做“足球”，后来逐渐发展成现代足球运动。1863年10月26日，伦敦成立了世界第1个足球组织“英国足球协会”，统一了规则。人们把这一天当作现代足球的诞生日。

1901年5月21日，法国、比利时、西班牙、荷兰、丹麦、瑞典、瑞士等7个国家的足球协会在巴黎召开代表会议，成立了国际足球联合会。

从此，现代足球运动在世界发展越来越迅速，1896年第1届奥运会足球是表演赛项目，第2届奥运会起列为正式比赛项目。规定只允许业余足球运动员参加。第9届奥运会后，国际足球联合会决定，自1930年起每4年举行1届世界杯足球比赛。

足球运动能有效地提高力量、速度、灵敏、耐力等身体素质，增强中枢神经系统、心血管系统、呼吸系统等内脏功能，培养勇敢顽强、机智果断的品质和团结协作的集体主义精神。

乒乓球

由两名或两对选手，用球拍在中间隔一网的球台两端轮流击球的

一项球类运动。乒乓球的特点是球小，进度快，变化多，趣味性强，设备比较简单，不受年龄、性别和身体条件的限制，具有广泛适应性和较高的锻炼价值。乒乓球比赛设有7个正式项目：男子团体，女子团体，男子单打，女子单打，男子双打、女子双打和男女混合双打。

乒乓球起源于英国，是由网球运动派生出来的。1890年左右，英格兰越野跑运动员吉布从美国带回一些玩具朗赛璐珞球，这种球打在空心球拍或木拍上发出“乒乓”之声，因而叫“乒乓球”。

1926年12月在伦敦举行了第1届欧洲乒乓球锦标赛，召开了第1次国际乒联全体代表大会，通过了正式成立国际乒乓球联合会的决议和国际乒联章程，讨论了乒乓球规则，选举英国人蒙塔古为国际乒联第1任主席。

由于亚洲国家印度参加了第1届欧洲乒乓球锦标赛，国际乒联决定把这次比赛改名为第1届世界乒乓球锦标赛。1926至1951年举行过18届世界锦标赛，117项次冠军中欧洲选手取得109项次。1952至1959年日本队称雄世界乒坛，在7届世界锦标赛49项次冠军中，日本获得24项次，几乎占了一半。

现代乒乓球运动大约在1904年传到中国。1925年在上海举行了首届国际比赛，由中华队与旅华日侨队交锋。1930年中华队参加了第9届远东运动会乒乓球比赛。1936年国际乒联主席邀请中国加入国际乒联，参加第9届世界乒乓球锦标赛，但因缺少经费，未能参加。

中华人民共和国成立后，乒乓球运动得到了迅速普及和提高。1959年，容国团在第25届世界乒乓球锦标赛中为中国获得第1个男子单打世界冠军。

中国乒乓球队不愧是一支长盛不衰的战斗集体，不愧为一支又红又专，勇攀世界体育高峰的运动队，为世界体育运动和祖国体育事业的发展，作出了宝贵贡献。

羽毛球

一项在室内外都可进行的小型球类运动。比赛时，一人或两人为一方，中隔一网，用球拍经网上往返击球，使球落在对方场地上或使对方击球失误而得分。

这项运动器材设备简单，便于开展，男女老少都能参加。羽毛球又是比较剧烈的竞赛项目，要求运动员具有较好的力量、速度和耐力，步法灵活，反应敏捷，技术全面。现代羽毛球运动始于英国。

1877年第1次成文的羽毛球比赛规则在英国出版。1893年英国羽毛球协会成立。1899年举办了“全英羽毛球锦标赛”，每年举行1次，一直沿袭至今，1934年成立国际羽毛球联合会，1939年通过了共同遵守的羽毛球规则。

1948至1949年度举办了第1届汤姆斯杯比赛。1956至1957年度举办了第1届尤伯杯比赛。1977年在瑞典举办了第1届世界羽毛球锦标赛。

1978年2月，亚洲地区发展中国家发起成立了世界羽毛球联合会与国际羽联并存。1978年11月，世界羽联举办第1届世界羽毛球锦标赛，1979年8月举办了第1届世界杯团体赛和第2届世界羽毛球锦标赛。1981年5月国际羽联和世界羽联合并，统一称为国际羽毛球联合会。

体操类运动基本常识

体操是徒手或借助于器械进行各种身体操练的一类体育项目。竞技体操在世界大赛中，按团体赛、个人全能决赛和个人单项决赛三种进行，其中又包括规定动作比赛和自选动作比赛。

自由体操

自由体操是男女竞技体操项目之一，是把徒手体操和技巧的几个

不同动作编成一组，在规定的场地、时间内完成的一种体操比赛。

男子自由体操于1911年列入国际体操比赛项目。女子自由体操一直到1950年第12届世界体操锦标赛才被列为国际比赛项目。

鞍马

鞍马是男子竞技体操项目之一。罗马帝国末期战争频繁，出于军事训练的需要，有人用木马代替真马训练骑手。19世纪初，瑞典体操学派创始人佩尔亨里克林使用木马练习骑术。德国体操家雅恩，把木马砍头去尾，作为体操器械，称为“摆荡马”，用于练习单腿跨越动作。1896年，鞍马列为近代体操比赛项目。鞍马动作应在两臂伸直，不断交换支撑和不停顿的状态下完成，因而对发展人的支撑力和锻炼增强身体平衡的控制能力有很大作用。

吊环

吊环是男子竞技体操项目之一。吊环运动起源于法国，后传到意大利和德国。早期的吊环动作只有悬垂、支撑和摆荡。19世纪末，静止吊环成为男子专用器械。1896年，成为国际比赛项目。吊环运动的基本动作有摆动、屈伸、转肩、回环和静止用力等。由于支点是活动的，所有动作要靠两臂的分开和夹拢来完成，对发展肩带肌，特别对增强内收肌力量有显著作用。

跳马

跳马是男女竞技体操项目之一。跳马技术是由木马演变而来。1836年，德国体操家施皮斯举办的学校体操节，首次把男子跳马列为表演项目。1896年，男子跳马成为国际比赛项目。男子跳马是纵跳马，女子跳马是横跳马，男女跳马的长、宽规格相同。跳马运动能增强肌腱、韧带和关节力量，对发展下肢和肩带肌肉的爆发力有特殊作用。

双杠

双杠是男子竞技体操项目之一。19世纪初，双杠成为欧洲比较流

行的一种健身器械。第1届奥运会，双杠就成为体操竞赛项目。双杠动作包括由各种支撑、承垂完成的回环、屈伸、倒立、转体、腾越与空翻以及各种用力动作和静止动作。整套动作要求摆动与腾空为主，杠上动作和杠下动作穿插。对发展上肢和腹背肌肉力量有很大作用。

单杠

单杠，男子竞技体操项目之一。18世纪末，单杠出现在西欧的杂技舞台上。1896年列为奥运会比赛项目。单杠是竞技体操最惊险的运动项目。基本动作有摆动、屈伸、回环、转体、腾越、空翻等，可以培养勇敢顽强的意志，对提高人在不同空间判断方位的能力，提高身体的柔韧性和协调性，具有积极作用。

高低杠

高低杠，女子竞技体操项目之一。19世纪末，女子体操在欧洲很盛行。当时，男女练的都是平行的双杠。以后为了适应女子特点，把双杠的一侧升高，成为高低杠。高低杠动作包括在悬垂或支撑中进行各种屈伸、回环、摆越、换握、转体、倒立、腾越、空翻等，对发展上肢、肩带和腹背肌肉力量有良好作用。

平衡木

平衡木，女子竞技体操项目之一。德国体操施皮斯提倡女子体育，1845年把平衡木列为女子体操训练器械。1894年，在北欧举行的体操节中，第一次将平衡木列为比赛项目。平衡木的支撑面小，要求运动员具有高度的平衡能力。

这项运动有助于培养勇敢果断的意志品质，改善人体平衡器官的机能，提高动作的稳定性。钧律体操也称艺术体操，是徒手或持轻器械，在音乐伴奏下进行的、有节奏的、连续不断的身体练习，也是一种艺术性很强的女子竞技体操项目。

水上运动的基本常识

水上运动是在各种水域里，依靠肢体动作或借助于船艇和其他器物进行的体育运动。可分三类，水上竞技项目，包括游泳、跳水、水球、花样游泳等；划船运动项目，包括赛艇、皮划艇、帆船等，滑水竞技项目；包括水橇、滑水板、冲浪等。游泳是各项水上运动的基础。

游泳

游泳是凭借自我支撑力和推进力在水中游动的一项运动，它包括竞技游泳和实用游泳。

游泳是世界文明古国最先发展起来的运动技能之一。中国古代的游泳出现很早，相传大禹治水时，人们在与洪水搏斗中发明了很多泅水方法。最早把游泳作为体育运动项目的是英国。1869年，创立了业余游泳协会。

1896年第1届奥运会确定游泳为正式比赛项目。游泳对匀称地发展肌肉，增强耐寒力，

锻炼内脏特别是心肺功能，促进人体新陈代谢，以及培养勇敢顽强的意志等，都有很大作用。

1.自由泳

可以采用任何姿势游进的一种游泳运动。因为爬泳速度最快，目前已成为自由泳比赛中，唯一采用的游泳姿势。自由泳动作结构合理省力，阻力小，前进速度均匀，是当前世界上速度最快的一种游泳姿势。自由泳有很高的实用价值，适合于快速游近目标、抢渡河川等。自由泳也是竞技游泳的基本项目，是衡量一个国家游泳运动水平高低的标志。

2.仰泳

也叫背泳，人体仰卧在水中，两臂同时或轮流划水，两腿同时蹬夹或上下交替打水。仰泳包括反蛙泳和爬式仰泳。爬式仰泳技术结构合理，速度较快。仰泳时身体比较平稳，水的支撑面积较大，动作省力，呼吸方便，可以长时间游，适用于水上搬运、救护等。

3.蛙泳

最早的游泳姿势之一，因身体俯卧水面，划水与蹬腿动作极像青蛙在水中游进，所以叫蛙泳。蛙泳身体姿势比较平稳，水的支撑面积大，动作省力，呼吸方便，适用于长时间、远距离游泳。蛙泳，容易观测目标，动作隐蔽，声音小，对渔猎、水上搬运、武装泅渡、救护等都具有很大的实用价值。

4.蝶泳

20世纪20年代初，有的运动员为了提高蛙泳速度，在划水结束后把臂提出水面，两臂在空中向前摆进，好像蝴蝶展翅的样子，因而取名蝶泳。海豚泳是模仿海豚的游泳动作。20世纪30年代，美国运动员采用海豚泳技术创造了良好成绩。1957年，匈牙利运动员图姆佩克以13″4的成绩创造了第1个蝶泳世界纪录。海豚泳技术比较先进，现已被世界蝶泳运动员广泛采用。

中国运动员吴传玉1953年在罗马尼亚布加勒斯特举行的第1届国际青年友谊运动会游泳比赛中获100米仰泳冠军，为中国首次在国际体育比赛中获得金牌。戚烈云在1956年国际劳动节游泳表演比赛中打破100米蛙泳世界纪录成为中国第1个游泳世界纪录创造者。

跳水

是一项从高处用各种姿势跃入水中，或者从跳水器械上起跳，在空中完成基本姿势并且用特定动作入水的水上运动。它包括实用跳水、表演跳水和竞技跳水。

根据历史资料记载，中国的跳水器械和跳水技巧在宋代已达到很高的水平。19世纪末，国际游泳比赛开始加进了跳水项目。以后，竞技跳水逐渐发展成为跳水运动的主要内容。

从事跳水运动，能使人的体态矫健，有助于全身肌肉协调发展和神经系统、心血管系统功能增强，有助于培养空中辨别方向和善于控制自己身体的能力，对生产和国防建设都有一定的价值。

竞技跳水是以竞技为直接目的，按规则规定进行的跳水运动。竞技跳水是在实用跳水的基础上发展起来的。

1904年第3届奥运会起，跳水列为正式比赛项目。1912年第5届奥运会女子首次参加跳水比赛。从1920年第7届奥运会起到现在，历届跳水比赛都设有男、女跳板跳水和男、女跳台跳水4个项目。

1979年国际业余游泳联合会还创办了两年一届的世界杯跳水比赛。1983年第3届“世界杯”跳水比赛，中国获女子团体冠军和男女团体总分第一名。优秀运动员陈肖霞、李艺花、史美琴、李孔政、李宏平等分获亚洲运动会和世界杯跳水比赛的跳板、跳台跳水冠军，周继虹在第23届奥运会中，获女子跳台跳水比赛金牌。

冰上运动的基本知识

冰上运动是在天然或人工冰雪场地借助各种装具进行身体锻炼的一项体育运动，是冬季体育运动的一种。冰上运动包括：速度滑冰、花样滑冰、冰球运动。

速度滑冰

一项比赛滑行速度的冰上运动，分为标准场地速度滑冰和短跑道速度滑冰两种。滑冰运动具有悠久的历史，10世纪开始，就出现用骨制的冰刀滑冰。中国宋代也有“冰嬉”这类滑冰运动。国际性速滑比

赛，始于19世纪末。

1889年，在荷兰阿姆斯特丹举行了第1届国际速滑比赛。1892年正式成立国际滑冰联盟。1893年举办了第1届世界男子速滑锦标赛，1936年举办第1届世界女子速滑锦标赛。1924年第1次举行冬季奥运会，设男子速滑比赛项目，1960年增加了女子速滑比赛项目。

19世纪末，滑冰运动传入中国。1935年在北平举行过一次滑冰比赛。1943年在延安举行的冰上运动会设有男、女100米速滑及各项表演，在1963年世界锦标赛中，中国运动员王金玉和罗致焕均打破了世界男子全能纪录，罗致焕在1500米比赛中获得金牌，1975年，赵伟昌在挪威举行的世界锦标赛中，获500米比赛第2名。

花样滑冰

在音乐伴奏下，在冰面上滑出各种图案，表演各种技巧和舞蹈动作的冰上运动项目。花样滑冰分单人、双人花样滑冰和冰上舞蹈两种。

1860年，在俄国彼得堡已有人能把俄国民间舞蹈融入到滑冰之中，从而丰富了滑冰的内容和形式。1896年在彼得堡举行了第1次世界男子单人花样滑冰锦标赛，1906年在瑞士达沃斯举行了第1次世界女子单人花样滑冰锦标赛，1908年又在彼得堡举行了第1次世界双人花样滑冰锦标赛，1952年巴黎举行了第1次世界冰上舞蹈锦标赛。

1930年前后，西方花样滑冰传到中国。1953年2月在哈尔滨举行了第1次全国冰上运动大会，花样滑冰列为比赛项目。1980年2月，中国运动员参加第13届冬季奥运会花样滑冰比赛。同年3月参加了第70届世界花样滑冰锦标赛。

滑雪运动的基本知识

滑雪的简介

滑雪是运动员把滑雪板装在靴底上在雪地上进行速度、跳跃和滑降的竞赛运动。滑雪板用木材，金属材料和塑料混合制成。滑雪运动起源并发展于斯堪的纳维亚国家。国际滑雪联合会成立于1924年北欧滑雪项目列入了1924年。在法国沙莫尼举行的第一届冬季奥运会。

在世界滑雪运动中居领先地位的国家有斯堪的纳维亚各国，如挪威，瑞典，芬兰，还有西欧的阿尔卑斯山脉周围的国家，法国，意大

利，奥地利，德国和瑞典，以及美国俄罗斯等，一般说来，斯堪的纳维亚国家在北欧滑雪项目上占优势，阿尔卑斯山脉国家高山滑雪项目上占优势。

滑雪竞赛主要有两种就是北欧滑雪和高山滑雪。

高山滑雪由滑降，小回转和大回转组成。高山滑雪混合项目，由上述三个项目组成。

北欧滑雪包括个人越野滑雪赛和男子接力赛和女子接力赛。此外还有跳台滑雪赛，以及北欧混合项目比赛，包括越野赛和跳台赛。

滑雪注意事项

滑雪前应仔细了解滑雪的高度、宽度、长度、坡度以及走向。由于高山滑雪是一项处于高速运动中的体育项目， 看来很远的地方一眨眼就到了眼前，滑雪者不事先了解滑雪道的状 况，滑行中一但出现意外情况，根本就来不及做出反应，这一点对初学者尤其重要。

了解滑雪索道的开放时间，在无工作人员看守时切勿乘坐，因为此时极有可能是工作人员乘坐的下班索道，在工作人员到达下车站后，索道即停止运行，如果你在空中被吊上一夜，发生冻伤事故的概率是非常高的。

要根据自己的水平选择适合你的滑雪道，切不可过高估计自己的水平，而冒然行事，要循序渐进，最好能请一名滑雪教练。

在滑行中如果对前方情况不明，或感觉滑 雪器材有异常时，应停下来检查，切勿冒险。在结伴滑行时，相互间一定要拉开距离，切不可为追赶同伴而急速滑降，那样很容易摔倒或与他人相撞，初学者很容易发生这种事故。

在中途休息时要停在滑雪道的边上，不能停在陡坡下，并注意从上面滑下来的滑雪者。滑行中如果失控跌倒，应迅速降低重心，向后坐，不要随意挣扎，可抬起四肢，屈身，任其向 下滑动。要避免头朝

下，更要绝对避免翻滚。

视力不好的滑雪者，不要戴隐形眼镜滑雪，如果跌倒后隐形眼镜掉落，找回来的可能性几乎不存在。尽量配戴有边框的由树酯镜片制造的眼镜，它在受到撞击后不易碎裂。

器材的挑选

滑雪器材主要有滑雪板、杖、靴、各种固定器、滑雪蜡、滑雪装、盔形帽等。通常滑雪场有器材出租，游客不妨租借。

1.滑雪板

一般滑雪板有木质、玻璃纤维和金属之分, 本质的轻 而价格便宜,但易受潮变形,故使用前宜涂抹特制油脂,使不易 粘雪及防止雪 水浸入。玻璃纤维滑雪板适合任何雪质的雪地,但价格较 高。铝合金的金属滑雪板在轻而燥的深雪及冰面上回转轻便,价格也较 高。目前有将这三种材质混合制成的滑雪板,最受滑雪爱好者欢迎。

2.滑雪杖

简称雪杖,其作用是帮助滑行及维持身体的平衡。选择时以质轻、不易断折、平衡感好、适合自己身高的原则。一般由拦雪轮起算，最长不过肩，最短不低于肋下。

3.固定器

所有的滑雪板上都有将滑雪靴固定在其上的装置，在滑雪者跌倒时固定器会迅速松脱 ,因此避免滑雪伤害的 重要防护器具之一。

4.滑雪装

滑雪装应以保暖、防风雪、舒适合身、不妨碍行动 及尽量减少风的阻力为原则。专业的滑雪装虽质量精良，但价格昂贵，因此一般只需购买实用的普通衣物即可。

5.滑雪靴

滑雪靴要保暖合脚。初学者和业余者选择保暖合脚及防水的滑雪靴即可。最好选择靴筒较低的短靴,以免影响足踝的屈转。

滑雪小知识

1.世界性滑雪运动管理机构的名称

国际雪联是世界滑雪运动的管理机构。FIS是国际滑雪联合会法语的缩写简称。

2.主要的国际滑雪竞赛

主要的国际滑雪竞赛有世界滑雪锦标赛和滑雪世界杯赛。

3.跳台滑雪有哪些裁判人员

跳台滑雪有5名裁判员。裁判员根据滑翔飞行姿态判分，姿态得分与距离得分相加，距离分以飞行的米数来行算。

4.北欧滑雪项目

北欧滑雪项目包括：越野滑雪，跳台滑雪和北欧混合项目。

5.跳台滑雪运动员的技术

运动员从站台出发，由滑坡开始下滑，采用弓身下蹲姿势，在“起飞”时，运动员从腿伸直，双臂在两侧与身体并扰，身体前倾成水平姿态，同时使两只滑雪板平行并扰。在即将着地一刹那，运动员身体抬起，一只脚放在另一只的前面，双膝弯曲进入回转急停姿态，并将两臂张开以保持平衡。

6.滑降，小回转，大回转的不同

滑降要求速度，小回转要求在弯曲的雪道上下降时有快速回转的灵活性。大回转则要求把滑降的速度和回转的技巧结合起来

其他类运动项目知识

射击

射击是使用枪支对各种预先设置的目标进行射击，以命中精确度计算成绩的一项体育运动。射击竞赛项目繁多，包括使用各种规格的步枪、手枪和猎枪相对固定的、移动的、隐现的以及飞行的各种目标进行精确射击和快速射击。这项运动不仅能学习射击技术，而且可锻炼身体，培养细致、沉着、坚毅等品质，有益于身心健康。

近代射击运动是从军用射击和狩猎射击演变而来。瑞士在15世纪举办过火绳枪射击比赛。射击作为世界性体育竞赛项目，始于第1届奥运会。1897年起每年举行1届世界射击比赛。1907年各国射击协会国际联合会成立。1931年后世界射击锦标赛改为每两年1次，1954年又改为每4年1次。

射击运动在中国是一个年轻的体育项目。1955年在北京举行了有8个国家参加的国际射击比赛，中国射手第1次参加国际比赛，共获4项团体第2名，6项团体第3名。

女射手李素萍获女子小口径自选步枪立射冠军。1978年第8届亚运会上，中国射手获8项团体冠军和个人冠军。同年在第4届亚洲射击锦标赛、第1届亚洲飞蝶射击锦标赛、第2届亚洲女子和少年射击锦标赛中，中国射手共获22项团体和个人冠军，打破12项亚洲纪录。

中国女子射击运动健将巫兰英、邵伟萍、冯梅梅连续在世界飞蝶射击锦标赛、第43届世界射击锦标赛、世界移动靶射击锦标赛中3次获得团体世界冠军，打破多项世界纪录。射击运动健将许海峰在1984年第23届奥运会上，夺得男子选手枪慢射冠军，成为本届奥运会第一块金牌获得者，打破了中国人在奥运史上金牌“零”的纪录。

射箭

射箭即借助弓的弹力将箭射出去，在一定的距离内比赛准确性的体育项目。弓箭在旧石器时代末期已经出现。复合弓创始于亚洲，中国的汉朝弓就是这种复合弓。英国最早用的是木弓，瑞士、荷兰、法国使用的是身短而重的弩弓。

现代射箭运动最早出现于英国，1844年英国举行了第1届射箭锦标赛。1861年英国成立全国射箭协会。1931年，国际射箭联合会正式成立，在波兰举行了第1届世界射箭锦标赛，1940年以前每年举行1次，1959年起改为每两年1次。

击剑

击剑是两人手持特制钢剑在规定的场地、时间和剑数内，以刺劈动作进行格斗的一项体育运动。

现代击剑器材的形式是由古代冷兵器演变而来的。中世纪时，法国、西班牙和意大利的武士们都很重视击剑，把击剑作为一种高尚的爱好，还用击剑进行决斗。1776年法国人拉傅西叶尔发明了护面，使击剑进入新的时代，击剑术得到进一步发展。从此，击剑便成为一项极有意义的体育活动。

1896年第1届奥运会把击剑列为正式比赛项目。当时只有男子花剑和佩剑个人赛。第2届奥运会增加了男子重剑个人赛。第8届奥运会又增加了女子花剑个人赛。1913年11月19日在巴黎成立国际击剑联合会。1936年起，每年举行1次世界击剑锦标赛。1949年又决定每年复活节前后，举行1次世界青年击剑锦标赛。

中国击剑运动健将栾菊杰在1978年西班牙举行的第29届世界青年击剑锦标赛中，夺得女子花剑亚军，成为击剑史上第一个进入决赛的亚洲运动员。1984年第23届奥运会，栾菊杰夺得女子花剑金牌，又成为奥运会史上第一个获得击剑比赛冠军的亚洲人，被誉为“东方第一剑”。

摔跤

摔跤是两个人徒手较量，力求把对方摔倒的一项竞技运动。最简单的摔跤技术产生于原始社会，人们为了生存，在狩猎或在部落冲突中，利用徒手搏斗，逐渐形成摔跤动作，演变成一项人们喜爱的体育运动。

古埃及和古印度盛行过摔跤活动。摔跤在古希腊已相当普及，是奴隶主训练青少年的军事体育项目之一，也是古代奥运会最受欢迎的竞技项目。当时很多著名的哲学家、诗人、活动家以及军队统帅都是杰出的摔跤手。如大哲学家柏拉图就是一名摔跤能手。第1次职业摔跤比赛于公元前284年在罗马举行。

中国古代摔跤称“角柢”，又叫“角力”，后来又称“相朴”或“争跤”。1958年10月在北京举行了“全国体育学院自由式、古典式摔跤比赛”。1959年4月在上海第1次举行了全国自由式、古典式摔跤锦标赛。

柔道

柔道是两个人徒手较量的一项竞技运动。柔道刚柔相济，以柔克刚，能最有效地发挥身心能力，有利于身体的敏捷性、灵活性、力量性的发展，可以锻炼意志品质。

1893年讲道馆开始训练女子柔道运动员。柔道是日本大、中、小学体育教材的内容之一，全国学校、企业、军队、警察、政府机关都推广柔道。1949年成立了“全日本柔道联盟”。

1951年欧洲也成立了柔道联盟，1952年初改名为“国际柔道联合会”，本部设在东京。1956年在东京举行了第1届世界柔道锦标赛。1965年第4届世界柔道锦标赛开始分4个级别进行比赛，并规定每两年举行一次世界柔道锦标赛。第18届奥运会把柔道列为正式比赛项目。

新中国成立后，进行过柔道表演赛。1979年在北京举办了两期柔道教练员训练班，邀请日本柔道界人士授课。1980年中日两国柔道队员相互访问比赛。同年9月在秦皇岛市举行了首届全国柔道锦标赛。

1986年，在荷兰举行的第4届世界女子柔道锦标赛上，中国内蒙草原农家姑娘高风莲战胜世界名将玛尔约莱因•范•厄南，夺得72公斤以上级桂冠，成为中国第1个女子柔道世界冠军。

拳击

拳击是两人戴上拳套在规则限制下，用拳相互攻击和自卫的一项竞技运动。拳击有悠久的历史。古希腊人在战场上搏斗，非常重视这

项运动。

公元前688年，第23届古代奥运会上拳击就列为正式比赛项目。第41届古代奥运会又增加了青年拳击赛。早期的拳击赛不戴手套，除用拳击外，还可兼用摔跤。英国著名拳击家布劳顿于1743年制定出最早的拳击规则。1747年他又设计了拳击手套，对近代拳击运动的开展作出了贡献。1904年拳击被列为第3届奥运会正式比赛项目。1924年成立了国际业余拳击联合会。

举重

使用杠铃、哑铃、壶铃等器材进行锻炼和比赛的体育运动项目，也是训练力量的重要手段。古希腊人用举石头来锻炼和测验人的体力。罗马人在棍的两端扎上石块来锻炼体力，训练士兵。中国汉代已有举重活动的记载。近代举重开始于18世纪末，最初盛行于欧洲。1891年在伦敦举行了第1次世界举重锦标赛。

举重作为正式体育运动项目，在中国开展较晚。1936年旧中国的全运会只作为表演项目。1948年才把举重列为全运会正式比赛项目。新中国成立后，举重运动得到迅速发展。1956至1966年间，优秀运动员陈镜开、黄强辉、赵庆奎、肖明祥等先后31次打破5个级别的12项世界纪录。

70年代以来，陈伟强、吴数德等5人多次打破青年和成年52公斤和56公斤级世界纪录。陈伟强8次打破青年和成年世界挺举纪录。吴数德5次刷新抓举世界纪录。陈伟强在第23届奥运会上，夺得60公斤级总成绩冠军。广东20岁的选手何灼强在第6届全运会举重比赛中，在短短1小时16分钟内，两次创造了52公斤级抓举和总成绩265公斤的世界纪录，结束了中国大力士从未创造过总成绩世界纪录的历史。成为在一场比赛中突破两项举重世界纪录的第1人，也是一个人包揽一个级别全部3项世界纪录的举坛英雄。

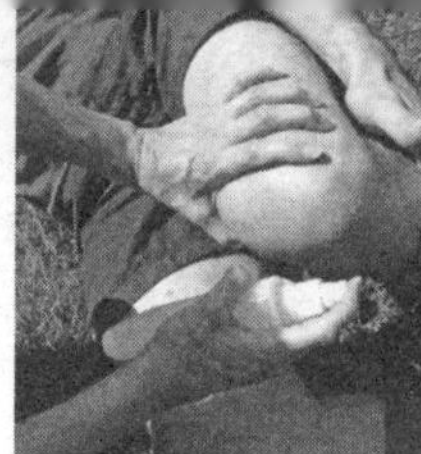

NO4.运动锻炼安全常识

运动安全的防范措施

青少年学生无论是进行体育锻炼，还是进行户外运动，都要树立安全意识，都要把安全放在第一位，只有在思想上对安全有了充分的认识，生命才有保障，青少年才能健康的成长。

运动前的防范措施

1.提高安全意识

青少年在参加体育运动或户外活动时，要遵守规章制度和纪律，提高安全意识,做好安全事故防范预案，确保活动安全进行。

2.要遵守秩序

青少年在运动时要遵守秩序，不拥挤，不推搡，做文明的好学生。

3.要听从指挥

在遇有紧急情况时要沉着、冷静，听从指挥，要在带队老师或学生干部的统一指挥下处理情况。

4.要防止意外事故的发生

青少年要提高警惕，防止意外伤害事件的发生，切实保障自己的生命安全。

5.要遵纪守法

青少年要提高守法意识，自觉做到遵纪守法，遵守校规校纪，以减少各种事故的发生。

运动后的注意事项

1.不宜立即蹲坐休息

健身运动后若立即蹲坐下来休息，会阻碍下肢血液回流，影响血液循环，加深机体疲劳。剧烈运动时血液多集中在肢体肌肉中。由于肢体肌肉强力地收缩，会使大量的静脉血迅速回流到心脏，心脏再把有营养的动脉血压送到全身，血液循环极快。

如果剧烈运动刚一结束就停下来休息，肢体中大量的静脉血就会瘀积于静脉中，心脏就会缺血，大脑也就会因供血不足缺氧而出现头晕、恶心、呕吐、休克等症状。该情况多见于那些运动量比较大的活动，如长跑。

正确的做法是在每次运动结束后，多做一些放松、整理活动，如慢行，舒腿等。

2.不宜立即洗冷热水浴

运动后大汗淋漓时，体表毛细血管扩张，体内热量大量散发。此时若遇冷水则导致毛细血管骤然收缩，易使身体的抵抗力降低，而引起疾病。若此时马上洗热水澡，就会增加体表的血流量，引起心脏、大脑供血不足，有发生心、脑血管意外的危险性。

3.不贪吃冷饮

运动时会损失大量热量，急需补充无可非议。但运动后人体消化系统仍处于抑制状态，贪吃大量冷饮，极易引起胃肠痉挛、腹泻、呕吐、并易诱发胃肠道疾病。

4.不宜立即大量喝水

剧烈运动后如果因口渴一次性喝水过多，会使血液中盐的含量降低，天热汗多，盐分更易丧失，降低细胞渗透压，导致钠代谢的平衡失调，发生肌肉抽筋等现象。

由于剧烈运动时胃肠血液少、功能差，对水的吸收能力弱，过多的水分渗入到细胞和细胞间质中。脑组织是被固定在坚硬的颅骨内，脑细胞肿胀会引起脑压升高，使人头疼、呕吐、嗜睡、视觉模糊、心律缓慢等“水中毒”症状。

一次性喝水过多，胃肠会有不舒适的胀满感，若躺下休息更会因挤压隔肌影响心肺活动。所以剧烈活动后口渴不可喝水太多，应采用“多次少饮”的方法喝水。

5.不宜立即吃饭

在运动时，全身的血液进行重新分配，使得胃肠道的蠕动减弱、各种消化腺的分泌也大为减少，若在运动后不经休息立即吃饭，就容易引起人体消化系统的紊乱和功能性失调，易得病。

7.不吸烟

运动后吸烟因人体新陈代谢加快，体内各器官处于高水平工作状态，而使烟雾大量进入体内，还会因运动后的机体需要大量氧气又得不到满足而更易受一氧化碳、尼古丁等物质的危害，此时吸烟比平时

对你的危害更大，同时氧气吸收不畅还影响机体运动后的恢复过程，人更易感到疲劳。

8.不宜骤降体温

如果室外温度较高，运动后会感到燥热难耐，倘若此时立即走进空调房间或风口纳凉小憩，会打破正常的生理调节机能，使生理功能失调，易得感冒、腹泻、哮喘、风寒痹痛等疾病。

9.不宜大量吃糖

有的人在剧烈运动后觉得吃些甜食或糖水很舒服，就以为运动后多吃甜食有好处，其实运动后过多吃甜食会使体内的维生素B_1大量被消耗，人就会感到倦怠、食欲不振等，影响体力的恢复。

因此，剧烈运动后最好多吃一些含维生素B_1的食品如蔬菜、肝、蛋等，如你运动后爱吃甜食则更应多吃蔬菜等食品。

10.不宜饮酒

剧烈运动后人的身体机能会处于高水平的状态，此时喝酒会使身体更快地吸收酒精成分而进入血液，对肝、胃等器官的危害就会比平时更甚。长期如此可引发脂肪肝、肝硬化、胃炎、胃溃疡、痴呆症等等疾病。运动后就是喝啤酒也不好，它会使血液中的尿酸急剧增加，使关节受到很大的刺激，引发炎症，造成痛风等。

运动锻炼的基本常识

“生命在于运动”，经常运动，可以提高人体免疫力和抗病能力，强身健体，延年益寿，可以减少和避免现代“文明病”的发生。青少年学生正处于长身体的时期，应该重视体育锻炼，要积极参加体育运动。

运动对身心的积极影响

1.对肌肉骨骼的影响

（1）肌肉。发达肌纤维增粗，肌肉粗壮有力，肌肉内的能源物质

上升，产生“超量恢复”效应即运动所致的物质消耗，在恢复中不仅复原，而且超过运动前的水平，有一种轻松感。积累之后，显示出运动的效果。

（2）骨骼。改善骨骼代谢，骨骼更坚实，肌腱韧带强劲有力，关节灵活稳定，适应能力上升，否则易骨折。

2.对肺的影响

肺活量增加，血液氧含量增多，耐力水平提高。

3.对物质代谢的影响

对能源物质和氧的利用充分、完善，有利于节约能源，减轻心血管的负担，能消除体内过剩的脂肪，达到体型美。

4.对中枢神经系统的影响

调节兴奋与抑制过程，使活动趋于平衡，反应灵活，对外界适应力强，缓解精神压力，有利于消除心理紧张，改善睡眠，培养坚忍不拔的顽强性格，形成良好的心理素质。

5.增强免疫力，抗病，经常运动的人容光焕发，情绪饱满，乐观开朗，精力充沛，体型优美，更具魅力。

运动的类型与选择

体育锻炼的项目很多，按其不同特点分成若干类型。

1.有氧运动和无氧运动

（1）有氧运动。在运动过成中，所有消耗的氧量通过呼吸和血液循环能得到及时补充，使之基本平衡。如长跑。

（2）无氧运动。在短时间内消耗大量的氧，通过呼吸所摄取的，氧不能满足体内能量的代谢的需要，人体肌肉中的代谢只好通过无氧酵母菌的途径提供能量，而无氧酵母菌的产物乳酸还必须通过有氧代谢才能彻底分解，在乳酸彻底分解以前，体内欠下的一笔“氧债”，这样的运动叫无氧呼吸。如短跑，短游泳等。

2.等长运动和等强运动

（1）等长运动。肌肉两端固定，尽管用力，但无关节活动，这时肌肉的张力增大而速度不变，叫等长运动。静力性运动，如举重处于稳定状态时。

（2）等强运动。随着肌肉的收缩，引起明显的肌肉收缩和关节活动，这时肌肉的长度改变而肌肉的内部张力相对稳定，叫等强运动，如跑步。

3.耐力运动，速度运动和灵活性运动

（1）耐力运动。以耐久为主的运动，增强有氧代谢和心肺功能，促进脂肪代谢，有利于防治心血管病和控制体重，如长跑、快走等。

（2）速度运动。以肌肉在短时间内产生的“爆发力”以取得最大的速度为特点。如短跑、短游泳等。

（3）灵活性运动。以动作快速变化，以提高灵活性为特点，如体操、跳水、武术等。

4.综合性的运动

兼有耐力，速度和灵活性的特点，如球类，按运动项目分类有：田径、球类、体操、拳击、游泳、举重、武术、冰上运动等。

5.运动类型的选择

一般不建议青少年学生选择有氧运动、等强运动和耐力运动，对于青少年学生来说跑步、快走、哑铃等运动项目已经可以满足增强心肺功能和促进新陈代谢的需求了。可以根据自己的健康状况，个性特点，兴趣爱好，场地设备条件进行选择。

运动锻炼时注意事项

1.避免片面发展

青少年学生进行体育锻炼时，切记不要老做一项活动。因为青少年正处于长身体的时候，老做一项活动对少年儿童的全面发展不利。

长期锻炼一个项目，可能会出现畸形发展，影响他们的身体健康。为此，就要帮助和引导青少年自觉地参加各种体育锻炼，使他们的身体得到全面发展。

2.规范锻炼动作

青少年可塑性大，进行体育锻炼时错误的动作很容易形成。因此，对青少年的体育锻炼要严格要求，不应该放松。如果青少年松松散散，不按规定动作严格要求，很容易形成错误的做法和习惯，长期下去会影响锻炼效果和孩子们的健康。

3.运动量不宜过大

因为青少年学生正处于长身体的时期，发育不完全，所以不宜进行过于集中的练习。而且锻炼的方法也要多样化，不要老做一项活动，这样会使他们的身体出现畸形。运动的时间也不宜过长，中间要安排适当的休息，保证他们的健康发展。

4.饭后不做剧烈运动

青少年好动，上学时功课比较紧，缺少活动的机会。于是，有的学生利用饭后时间运动。这时候家长们应该注意了，饭后做剧烈的运动会影响他们的健康，致使他们比较容易患一些肠胃病。虽然饭后适当的运动是应该的，但剧烈的运动是不可以的，大运动量应在饭后1小时后进行。青少年们要严格要求自己的行为。

5.运动要适合学生特点

由于青少年学生发育尚未成熟，剧烈运动会使他们很快疲劳，且容易造成心脏负担过重。这会对青少年发育有影响。

目前，有不少学校教学生跳国标舞和健身操，这实际上对青少年的健康不利。因为，青少年的发育是不平衡的，骨骼成长处于逐渐完成阶段，进行体育运动的要求是注意正确姿势，防止外伤及畸形。

体育锻炼的安全常识

体育与健康作为学校教育的重要组成部分，由于自身的特点或其它各种因素，存在着风险，隐含着伤害，运动伤害事故偶有发生，成为学校教育过程中的不安全因素，给学生心理、生理带来了巨大的伤害。中小学生安全防护意识比较淡薄，缺乏运动安全知识和自护方法，是造成体育活动中安全事故的根本原因。

因此，将“安全第一”、“健康第一”的指导思想放在的首位，让体育运动安全防范意识渗透到每一位学生的思想，指导学生学会自我保护，注意安全防范，防止受到运动伤害是十分必要的。

体育锻炼细节注意

1.选择适宜的时间进行锻炼

较适宜锻炼身体的时间是早上、下午第二节课后或傍晚前。中午及睡前不适宜进行剧烈的体育锻炼。早晨的锻炼时间不易过长，运动量不宜太大，以免过度疲劳或兴奋，影响一天的学习。早晨运动项目可选择简便易行的户外活动，如跑步、做操等，以活动肢体，锻炼心肺功能。下午第二节课后或傍晚前的体育锻炼被认为是一天中最佳的锻炼时间，此时可安排较大运动量运动，时间最好在1小时左右。

2.注意饮食营养和卫生

早晨锻炼前应喝些热水、牛奶或糖水及吃少量饼干等食物；下午或傍晚锻炼前也应进食，但不应吃得太饱。午饭或晚饭前后1小时左右不应进行剧烈的体育运动。体育锻炼因耗能量和营养较大，所以平时要加强营养，多吃含维生素C、维生素B_1和蛋白质等的食物。

3.注意选择和穿好运动服和鞋子

运动服应该选择质地柔软、通气性能和吸水性良好、有利于身体健康和身体自由活动的服装；运动鞋应选择符合自己的尺寸大小，具有一定弹性及良好的通气性能的鞋子，鞋跟不宜过高，并且符合季节要求和保持清洁卫生。

4.保持良好的生活习惯

良好的生活习惯对于保持体育锻炼时的良好身心状态，提高运动能力和锻炼效果，预防身心疲劳，防止运动外伤等有很好的作用。因此要保证充足的休息和睡眠，文娱活动不过度，脑力劳动不过度，饮食有规律，早睡早起，不熬夜，这样的生活规律，对学生的学习和身体都十分有益。

5.培养体育锻炼的良好心态

学生要怀着轻松愉悦的心情参加体育锻炼，既培养了学生对体育锻炼的兴趣，也使他们在心理上获得了不可多得的快乐感，从而消除紧张、焦虑和犹豫，使精神振奋，身体矫健，充满活力。

6.进行必不可少的准备活动

体育锻炼前的准备活动有利于消除肌肉关节的僵硬，使身心逐渐进入竞技状态，并不断提高运动水平，充分发挥运动能力，预防和减少运动创伤。一般可以采用针对性的活动，如活动操、慢跑、变速跑、跳跃等。

体育锻炼的相应措施

1.体育锻炼前的相应准备

适量饮水，排净大小便，检查和熟悉运动场地或器械，学习和掌握必要的自我保护或相互保护的方法。

2.锻炼前的自我卫生监督

身体疲劳不适或者有疾病时，或者自己感觉睡眠不好、饮食不

佳、情绪低落、精神紧张、恐惧、饥饿时，不应该进行剧烈的和高难度的体育锻炼，需要调整运动项目或运动量。

3.做好安全防护，防止运动受伤

锻炼时思想集中，情绪稳定，不紧张、不急躁、不粗心，正确掌握运动技术要领，要做好运动中的自我保护和相互保护，以预防运动受伤和事故。

4.锻炼中的自我监督

掌握适宜的运动量，预防运动性疲劳和创伤的发生。

注意在体育锻炼当中的卫生，如在跑步时的正确呼吸和跑步环境的空气清洁卫生等。

5.做好整理活动

整理活动可以使身体躯干及内脏比较一致地恢复到安静状态，一般可以采用慢跑、行走、做放松体操、深呼吸等。

6.锻炼要注意清洁卫生

运动后应该洗澡擦身，以清洁皮肤，睡觉前用温水洗脸洗脚，漱口刷牙以清洁口腔，及时清洗汗湿的衣服和鞋袜。

锻炼后不应立即吃饭和大量饮水，锻炼期间要加强饮食营养。

7.锻炼后的自我卫生监督

如果在锻炼后感到身体疲劳，饮食、睡眠不佳，应减少运动量、变换运动项目或者休息。体育锻炼的自我卫生监督对确保发挥体育锻炼效能，达到最佳的锻炼效果，预防运动过量或者疲劳以及运动性损伤和疾病具有重要的作用。

校园活动的安全常识

校内活动注意事项

校园集体活动是丰富多彩的。上课、讨论、锻炼、做操、做实验等等，不仅使同学们从中获得了知识，而且又锻炼了我们的体能和才能，参加各项集体活动要遵守学校的规定和注意安全，否则就有可能发生意外伤害事故。

在学校里，同学们时常参加一些由学校、年级或班集体组织的集体活动，如参加比赛、演出、看电影、郊游等等。参加集体活动也要

注意安全，不然就会发生一些意外事故，这样会影响活动的进行。

1.要遵守纪律

不要擅自离开队伍，不要到别的班级中逗乐玩闹。如果在点名时发现人数不齐，不仅不能正常开展活动，还会让带队的老师着急、担心。

2.要有集体荣誉感

对身有残疾或身体较弱的同学，要主动关心。观看演出或电影时，不能蜂拥而上抢占位置。自私自利的行为应当杜绝。

3.要防患于未然

当在礼堂或剧院开会、看演出时，要按秩序入场、离场。要学会识别公共场所和较大建筑物的安全标志，如剧场除了有大门外，还有太平门等紧急出口。如坐电梯时，要看清电梯内的急呼标志。在高层建筑物内除了电梯外，还有楼梯等紧急通道。

4.要懂得最基本的安全知识

在剧场内发生火灾时，如果离门口、窗口较远，人又拥挤，可迅速用手帕或帽子捂住口鼻，然后趴在地上，设法匍匐移向门口，不然容易被挤伤、踩伤或熏倒。

校外活动注意事项

每年在适宜的季节，学校要组织学生外出郊游，以丰富学生的视野，开拓眼界，深入生活，了解社会。中小学生在这个期间要必备一些必要的校外活动常识，特别是安全方面的常识，要引起学生的高度重视。

1.集体观念

学生要有集体观念，自觉服从带队老师的管理，不能结伙拉帮小范围活动，更不能独自一人活动，吸烟喝酒是绝对要禁止的。 要注意饮食卫生，发现过期变质的食物，坚决不能食用。

2.明确目的

明确出游的目地，做好自己的计划，认真完成学校领导和老师布置的学习、考察任务。

3.乘车安全

往返途中要注意集体乘车安全，不要拥挤，按顺序上下车，不违章超载。乘车期间头部和手不要伸出车体以外，以免会车时刮伤，在车内不要大声喧哗，拥挤吵闹，做到文明乘车。

假期个人活动安全

寒假是天气最寒冷的季节，冰天雪地，学生要增衣保暖，外出要注意路滑，更要注意交通安全，由于路滑给各种交通工具带来了不安全的因素增多，要远离车辆。

并且寒假时逢春节，燃放烟花爆竹最容易引起火灾及人身伤残事故，所以，要严格遵守政府和教育部门的有关规定，到指定地点燃放。春节期间要科学的饮食，不可大吃大喝，更不能吸烟喝酒。

暑假天气炎热，暑期较长，学生要学会怎样防暑，可以参加学校组织的一些有益的社会实践活动；在完成必要的暑期作业时，学生要在家长的带领下随行外出。游泳是一项危险性很大的体育活动，学生在暑假期间，切忌单独去游泳，一定要在家长或监护人的陪同下前往。

游泳前要了解自己的健康状况，选择好游泳地点，了解浴场的情况，不可贸然下水。要正确估计自己的水性，不可逞能。在游泳过程中，如有人溺水，自己不会游泳，就要先找会游泳的人帮忙并同时拨打120急救电话。

意外事故自救常识

在寒、暑假期间，大部分时间学生暂时脱离学校，自由活动的空间增大，这给社会各方面带来一定的压力，同时，由于学生本身在某

些方面缺乏必要的知识，家长无暇顾及，因此，学生自身要学会自我调控，防微杜渐，严于自律，预防各种意外事故的发生。

1.食物中毒

在野外，食物中毒是很有可能发生的。如果刚吃下有毒食物不久，最快捷有效的办法就是呕吐，可将手指伸进喉咙，压迫喉咙强行呕吐；如吃下的时间较长，应服用吐泻药物将食物排出；中毒症状严重的要立刻送往医院。

2.中暑

当学生中暑时，应立即到阴凉通风处，仰卧，将头部垫高，用冷毛巾进行冷敷；解开衣领，放松腰带，使呼吸顺畅；如体温过高，可用酒精擦拭额头、四肢及胸口，这样体温能迅速下降。如有条件，可喝一些清凉的饮料。

3.叮咬伤

夏天，蚊蝇叮咬很普遍，学生要随身携带风油精、花露水、蚊不叮等药品，涂在身体裸露处，加以保护。如被其他蛇、蝎、蜂等咬伤，应立即用布条在伤口2至3厘米处扎紧，拔除毒刺，用力挤压伤口，使含有细菌、毒液的血液由伤口排出。之后，可用肥皂水、或食盐水洗敷伤口，冷敷被刺蛰的部位，以消肿止疼。

4.扭伤

扭伤是最常见的部位是裸关节、手腕。当发生扭伤时，不能随便按摩，24小时内不能热敷，应冷敷。扭伤后不要忍疼坚持行走，应立即送医院救治，以免加重病情。

5.外伤

在野外，如果受到外伤，要及时将伤口包扎起来，送医院处理。最好用消毒布或绷带，也可以用干净的毛巾、手帕代替。包扎前，最好对伤口进行消毒处理，可以用食盐水或干净的清水冲洗伤口。

户外运动的安全常识

户外活动是每个青少年学生最向往的活动，然而，也是一些意外伤害最容易发生的时候。所以，在户外做运动一定要注意安全。

冬季户外活动应注意的问题

由于外界温度过低时，体内支配和控制体温的中枢功能降低，导致体温调节障碍，因而会引起局部冻伤。所以在冬季做户外运动时一定要注意以下几点：

1.冻伤

运动冻伤部位多见于手足末端、鼻尖、两耳。其中冻疮是冬季运动最常见的一种局部冻伤。起初没有明显的疼痛，这样许多人并不知道患了冻疮。当皮肤出现苍白、无感觉时才发现。冻疮常出现皮肤麻木，在高温时发生剧烈疼痛。因此在冬季做户外运动时，一定要注意保暖，防止冻伤。

2.慢跑

通常人们用鼻子呼吸，而跑步时因肌肉剧烈活动，需要的氧气大大增加，就不得不用口来辅助呼吸。冬天的天气很冷，有时还有风沙，跑步时如果张着嘴巴大口大口地呼吸，冷空气会直接刺激口腔、咽喉、气管黏膜，会使这些部位的黏膜干燥不适，引起咳嗽。所以冬季慢跑时先用鼻呼吸，待稍适应后再用嘴呼吸，这样可避免冷空气直接刺激口腔，也避免或减少发生咳嗽的现象。

夏季户外活动应注意的问题

夏季在做户外运动时容易发生中暑，因此夏季锻炼要预防中暑，保证人身安全。

1.喝水

大量出汗，要及时补充水分。外出活动，尤其是远足、爬山或去缺水的地方，一定要带充足的水。条件允许的话，还可以带些水果等解渴的食品。

2.降温

外出活动前，应该做好防晒的准备，最好准备太阳伞、遮阳帽，要穿着浅色透气性好的服装。外出活动时一旦有中暑的征兆，要立即采取措施，寻找阴凉通风的地方，解开衣领，降低体温。

3.备药

可以随身带一些仁丹、十滴水、藿香正气水等药品，以缓解轻度中暑引起的症状。如果症状严重，应该立即送医院诊治。

郊游、野营活动的注意事项

郊游、野营活动的地点大都远离城市，比较偏远，物质条件较差。所以，要注意以下各点：

要准备充足的食品和饮用水。

准备好手电筒和足够的电池，以便夜间照明使用。

准备一些常用的治疗感冒、外伤、中暑的药品。

要穿运动鞋或旅游鞋，不要穿皮鞋，穿皮鞋长途行走脚容易磨出泡。

早晨夜晚天气较凉，要及时添加衣物，防止感冒。

活动中不随便单独行动，应结伴而行，防止发生意外。

晚上注意充分休息，以保证有充足的精力参加活动。

不要随便采摘、食用蘑菇、野菜和野果，以免发生食物中毒。

要有成年人组织、带领。

意外受伤时的应对方法

1.被蛇咬伤时的应对

毒蛇有毒牙和毒腺，头部大多为三角形，颈部较细，尾部较短粗，色斑较鲜艳，牙齿较长。被毒蛇咬伤的，一般可在患处发现有2至4个大而深的牙痕，局部疼痛。

被无毒蛇咬伤的，一般有两排“八”字形牙痕。小而浅，排列整齐，伤处无明显疼痛。对一时无法确定的，则应按毒蛇咬伤处理。

立即就地自救或互救，千万不要惊慌、奔跑，那样会加快毒素的吸收和扩散。立即用皮带、布带、手帕、绳索等物在距离伤口3–5厘米的地方缚扎，以减缓毒素扩散速度。每隔20分种需放松2–3分钟，以避免肢体缺血坏死。

用清水冲洗伤口，用生理盐水或高锰酸钾液冲洗更好。此时，如

果发现有毒牙残留必须拔出。冲洗伤口后，用消过毒或清洁的刀片，连结两毒牙痕为中心做“十”字形切口，切口不宜太深，只要切至皮下能使毒液排出即可。

有条件的话，可以用拔火罐或者吸乳器反复抽吸伤口，将毒液吸出。紧急时也可用嘴吸，但是吸的人必须口腔无破溃，吐出毒液后要充分漱口。吸完后，要将伤口温敷，以利毒液继续流出。

可点燃火柴，烧灼伤口，破坏蛇毒。尽快食用各类蛇药，咬伤24小时后再用药无效。同时可用温开水或唾液将药片调成糊状，涂在伤口周围的2厘米处，伤口上不要包扎。经处理后，要立即送附近医院。

2.被狗咬伤时的应对

被狗咬伤对人的危害较大，因为狗的牙齿生长着各种病菌和病毒，很容易通过伤口侵入人体，引发疾病，甚至造成伤风致人死亡。

如果是被疯狗咬伤，还会由狂犬病毒引发狂犬病，狂犬病致人死亡率非常高。所以，被狗咬伤决不能轻视，必须采取一系列紧急处理措施。

一般情况下很难区别是否被疯狗咬伤，所以一旦被狗咬伤，都应按疯狗咬伤处理。

被狗咬伤后，要立即处理伤口，首先在伤口上方扎止血带，可用手帕、绳索等代用，防止或减少病毒随血液流入全身。

迅速用洁净的水或肥皂水对伤口进行流水清洗，彻底清洁伤口。对伤口不要包扎。

迅速送往医院进行诊治，在24小时内注射狂犬病疫苗和破伤风抗毒素。

3.被蜂类等蜇伤的应对

蜂的种类很多，有蜜蜂、黄蜂和土蜂等等，蜂有腹部末端有与毒腺相连的蜇刺，当蜇刺扎入人体时，可随之注人毒液将人体蜇伤，蜇伤后伤处会出现肿胀、水疱，局部剧痛或搔痒，甚至出现头痛、恶心、烦躁、发烧等症状。被蜂蜇伤可以采取如下做法：

不要紧张、保持镇静；如有毒刺蜇入皮肤，先拔去毒刺；清洗伤口，最好用肥皂水、食盐水或糖水；被黄蜂蜇伤的，可以用食用醋涂在患处；可以将大蒜、生姜捣烂后取汁涂于患处；如有韭菜，可取少许洗净捣烂成泥状并涂在患处；症状比较严重的，应该赶快送往医院进行抢救。

4.骨折的应急处理

骨折，指人体的骨骼部分或者完全断裂，大多数骨折是因受到强力的冲击造成的。发生骨折后，骨折部位有疼痛感，并伴有肿胀、瘀血和变形，人的活动受到限制，无法负重，严重的还会出现出血、休克、感染、内脏损伤等。发生骨折应当怎样进行应急处理呢？

使患者平卧，不要盲目搬动患者，更不能对受伤部位进行拉拽、按摩。检查受伤部位，及时就地取材选用树枝、木板、木棍等，对受伤部位进行固定，防止伤情加重。没有用于固定的物品时，对受伤的上肢可以用手帕、布条等悬吊并固定在其胸前，下肢可以与未受伤的另一下肢捆绑固定在一起。

5.流血不止怎么办？

青少年在玩耍时碰伤了身体，往往会流血不止，特别是鼻子最容易出血。出现了这些情况，应该及时采取有效措施。

四肢或手指出血，应该马上用一块干净的纱布或较宽的干净布条将伤口紧紧地包扎住，如有条件，最好洒一些云南白药在伤口上再包扎。如果是鼻子出血，可以把头抑起，用手指紧压住出血一侧的鼻根部，一直到不出血为止。如果有干净棉球，可以把棉球塞进鼻孔里压迫止血。另外，可以用冷水浇在后脑部，这样会使血管收缩，从而达到止血的目的。

外出时迷路的应对方法

青少年独自外出到陌生的地方，可能会忘记或辨认不清来时的方向和路线而无法返回；和家人、青少年等一起出行，也可能发生走失而迷路的情况。外出时迷失了方向怎么办呢？

平时应当注意准确地记下自己家庭所在的地区、街道、门牌号码、电话号码及父母的工作单位名称、地址、电话号码等，以便需要联系时能够及时联系。

在城市迷了路，可以根据路标、路牌和公共汽车的站牌辨认方向和路线，还可以向交通民警或治安巡逻民警求助。

在农村迷了路，应当尽量向公路、村庄靠近，争取当地村民的帮助。如果是在夜间，则可以循着灯光、狗叫声、公路上汽车的马达声寻找有人的地方求助。

如果迷失了方向，要沉着镇静，开动脑筋想办法，不要瞎闯乱跑，以免造成体力的过度消耗和意外。

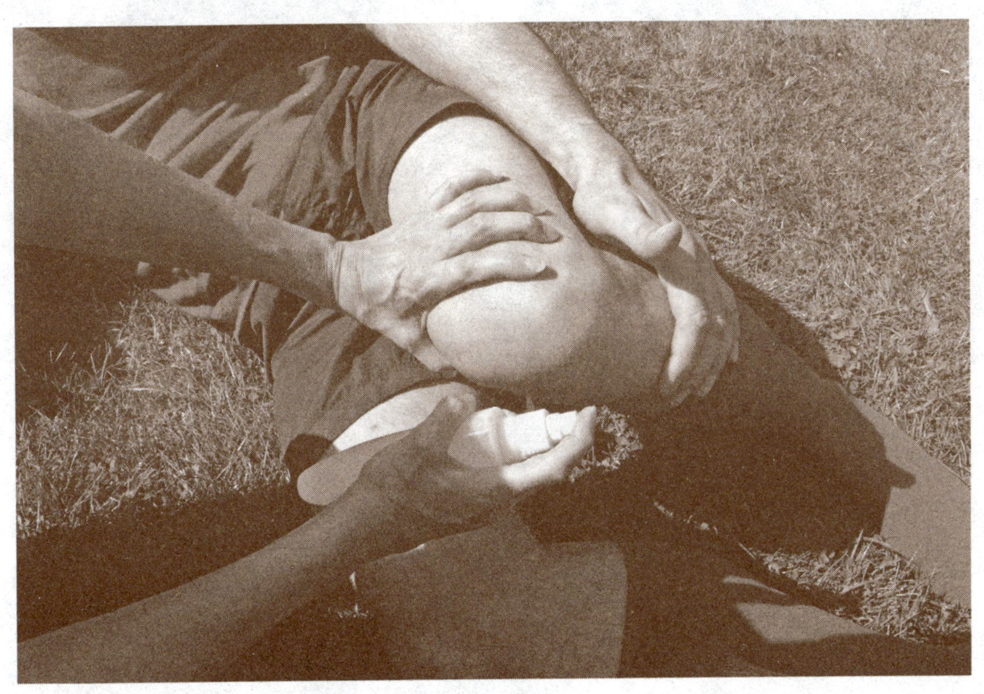

NO5.运动伤害防护常识

田径运动的伤害防护

随着体育运动科学化的进展，各种不同的体育项目都有着明显的进步。田径运动是各项运动之首，也是最基础的项目，对其它各项运动起着举足轻重的作用。它的最大特点是：要求人体最大的发挥肌肉的力量和速度，力求创造最大的人或器械的运动速度。

另外，田径运动的场地大，活动人员多而杂等原因，极易产生肌肉拉伤、关节扭伤、摔伤和刺伤等伤害事故。下面就如何预防与处理田径运动伤害事故进行一些探讨。

田径运动常见的伤害事故

1.开放性软组织损伤

在运动中摔倒造成的擦伤；跑鞋鞋钉与标枪等器械所产生的刺伤。

2.闭合性软组织损伤

钝性外力直接作用于身体某部位引起的挫伤和肌肉猛烈主动收缩而发生的拉伤。

3.关节扭伤和脱位

运动过程中摔倒手撑地，可引起肘关节或肩关节脱位；跳跃落地姿势不正确，引起踝关节扭伤等。

4.疲劳性骨膜炎

由于训练方法不当，训练量过大，在一段时间内肌肉局部负荷过大，造成胫骨、腓骨或趾骨发生疲劳性骨膜炎。

5.骨折

分为开放性和闭合性骨折，由于训练不当造成的四肢长骨的闭合性骨折较为多见，也是较严重的损伤之一。

6.脑震荡

头部受到外力打击后，引起意识和功能的一时性障碍。

田径运动伤害事故产生的原因

1.对预防田径运动伤害事故的认识不够

体育教师和学生对运动中伤害事故的意识淡漠，由于在教学和训练中不重视相关的安全教育，缺乏相应的预防措施，对动作急于求成而违反了循序渐进的基本规律等都是造成运动损伤的主要原因。

2.缺乏准备活动或准备活动不正确

缺乏准备活动或准备活动不正确是产生伤害事故的重要原因。准备活动不充分，神经系统与内脏器官没有充分调动起来，身体缺乏必要的协调性、灵活性和伸展性，肌肉粘制性过大。

准备活动量过大，身体处于疲劳状态，接着做一些用力过猛、速度过快的动作，极易引起受伤；准备活动内容与教学结合不好或缺乏专项准备活动，运动中负荷较重，而此部位的机能又未改善，同样容易受伤。

3.技术错误、身体素质差和心理状态不佳

由于没有掌握正确的技术动作，违反了身体结构的特点和运动时的生物力学原理。

如标枪投掷时的出手动作，要求肩关节急剧旋转约180度，易引起肩胛和肱二头肌腱的损伤；标枪“出手”时由于枪的反作用力迫使前臂突然外展，可引起肘关节内侧副韧带的损伤。

中长跑时因膝关节长时间反复屈伸，髋胫束因此不断地前后滑动，与股骨外髁之间发生反复磨擦，导致膝外侧疼痛征候群等。身体素质差，肌肉力量、柔韧性、关节灵活性和稳定性差，注意力分散、反应迟钝，在这种情况下运动，最容易受伤。

4.练习者的运动负荷过大

运动负荷过大是发生运动损伤的主要原因之一。在田径教学和训练中，教学内容和运动量安排不当，使局部负担过重，超过其承受能力，如果时间控制不好，更易致伤。专项训练时操之过急，用“单打一”的片面训练方法，专项过分集中在身体的某些部位，从而导致损伤。

5.教学、训练和比赛组织方法安排不当

在田径教学中适当的组织方法是必要的，否则会造成意想不到的伤害。如练习投掷项目时，场地窄小，如果分区不合理或学生违反分区练习的原则等。在田径训练中应有节奏、有系统地进行，要循序渐进，还要区别对待。如果操之过急，或对有伤有病的人及不同年龄、不同性别的人没有区别对待，在训练内容及技术要求上都强求一律，既可能引起损伤，也可能使旧伤加重。

6.场地器材不符合规定及气候不良

运动场地不平整、器材不符合相应的规定，运动时缺乏必要的防护器具，不良的气候条件的影响，气温过高，田径场缺乏必要的遮阳措施，学生长时间暴晒极易中暑。

田径运动伤害事故的预防

田径伤害事故是可以预防的，关键是在“防”字上下功夫。由于

造成伤害事故的原因是多方面的，所以要采取有效的、综合性的预防措施，努力消除各种致伤因素，才能防患于未然。

1.加强安全教育

把预防伤害事故建立在有正确思想认识的基础上，在田径教学和训练过程中，要始终贯彻安全教育，加强组织纪律性教育，真正确立“安全第一，预防为主”的指导思想，将安全措施落到实处。不得采购和使用质量低劣的体育器材，对运动场地、器材经常进行检查，保持运动场地平整和清洁，合理地划分活动区域和设置警戒标志，创造安全锻炼的良好环境。投掷标枪、铅球等危险区域要严格防范学生擅自出入。

2.教师预见性

教师应根据教学任务的要求，事先估计到可能发生的问题，合理组织教学过程，采取相应预防措施。在教学训练中，根据学生的年龄、性别、健康状况和运动技术的水平，充分了解教材中的难点，估

计哪些动作不易掌握和哪些环节容易发生运动损伤，做到心中有数，事先做好预防的准备。

3.适宜的兴奋状态

在教学与训练中，采取最有效的方法使学生的兴奋状态达到适宜程度，并按严格要求进行练习，可有效地防止运动损伤的发生。

4.循序渐进与区别对待相结合

练习的难度和运动量要遵循循序渐进与区别对待的原则，防止急于求成，根据不同学生的特点安排练习。

5.课堂练习结束前，要逐渐降低练习强度，并认真做好放松练习，保证肌肉平稳进入安静状态，有利于消除运动性疲劳，防止损伤。

6.加强易伤部位的训练和自我保护

加强易伤部位相对较弱部位的练习，提高这些部位的功能，是预防运动损伤的一种积极的手段；另外加强保护和自我保护能力，是预防运动损伤的重要手段，教师应在教学中将自我保护的正确方法教授给学生，如意外摔倒时，应采用顺势滚翻，而不可直臂直撑，以免造成肩肘关节的损伤。

7.加强医务监督

在田径运动中，必须加强医务监督工作。无论是在选拔运动员时，还是在参加大型比赛之前，都要严格进行详细的体检。在平时对学生也应定期进行体格检查。对个别身体体弱或过度疲劳者，应适当降低运动量和强度，并采取相应医疗措施，以便使学生尽快恢复。运动员和参加体育锻炼的学生应与医生密切配合，随时注意观察自己在体育运动过程中身体状况的变化，做自我监督工作，及时发现异常的反应，防患于未然。

田径伤害事故的处理

常见田径伤害事故的处理首先要迅速全面地了解受伤情况，然后采取相应措施控制伤情发展和检查损伤程度，组织急救措施。常见的损伤分为两种：一种是开放性软组织损伤，另一种是闭合性软组织损伤。

1.开放性软组织损伤的处理方法

初步处理时要特别注意保护伤口，可用干净的纱布或毛巾等物覆盖，并缠上绷带以防感染。如出血不止，则选择适当的方法及时止血。对轻度擦伤则可用生理盐水或凉开水冲洗，再用20%的红汞药水涂抹，不需包扎。对严重的擦伤、撕裂伤、刺伤等，均需清洗伤口，并用抗菌药物治疗，伤口大者还需及时进行缝合、包扎，对有可能受感染的伤口，应注射破伤风抗毒素。

2.闭合性软组织损伤的处理方法

（1）减少或停止局部活动。如继续勉强地进行活动，必然会加重组织的损伤和出血，不利于组织修复。减少或停止受伤肢体的局部活动或作局部固定，使受伤肢体得到休息。

（2）止血、防血肿。闭合性软组织损伤后，均有内出血发生，止血、防血肿是首要任务。因为出血越多，血肿越严重，受伤组织的修复过程就越慢，易形成组织粘连，影响正常功能的恢复。所以，急性软组织损伤发生后，应尽快止血，以防止血肿的形成。

其止血方法一般采用冷敷，抬高伤肢，加压包扎等。冷敷时可用冷水或泡湿毛巾敷裹受伤的部位，或用冰袋放于受伤部位，降低其温度，使局部血管收缩，减少出血，以达到止血的目的，也可以把受伤肢体放入冷水中浸泡，同样能达到止血的目的。但切不可用自来水冲淋受伤肢体，因自来水冲击能使毛细血管扩张，不仅起不到止血的作用，反而加快出血。

（3）活血祛瘀，消肿止痛。闭合性软组织损伤经24至28小时后，一般出血即停止，这时可进行轻度推拿、按摩和热敷处理，达到活血祛瘀，消肿止痛的目的。

（4）功能锻炼。能加速受伤肢体的血液循环，保证肢体血流量的增加，防止损伤组织的粘与萎缩，促进损伤组织的愈合，促进活动功能的恢复。进行功能锻炼时，其活动的幅度、强度和数量应逐渐加大，并应以不致造成再度损伤为原则。

3.疲劳性骨膜炎的处理方法

早期症状较轻的学生，无需特殊治疗，仅用弹力绷带将小腿裹扎，并调整训练计划，即减少下肢运动量或少做下肢活动的运动项目，休息时抬高患肢，多可痊愈。

经常疼痛或运动后疼痛较重的学生，应休息并用弹性绷带裹扎小腿、抬高患肢，也可配合中药熏洗或外敷、理疗及按摩等。伤愈后重新参加运动训练时，运动量要逐渐增加，以免复发。

球类运动的伤害防护

我国球类活动比较普遍，篮球、足球、排球在群众中尤受欢迎，因此，球类活动引起的创伤也很常见。

球类运动的伤害事故

1.篮球运动事故

篮球运动在我国开展最为普遍。它是一种瞬息万变的运动，要求运动员全面的体力发展与身体训练。最常见的创伤是因跌倒、跳起抢

球落地不正确，急停、急转、冲撞或因场地不平，或场地过滑而引起的急性创伤。

外伤最轻的仅仅是一点擦伤，重的可以发生骨折或脱位。一般较常见的有踝关节韧带的捩伤或骨折、膝的韧带半月板损伤、指挫伤及腕部舟状骨骨折。

另外，在篮球运动中也可发生慢性创伤，其中最影响运动训练与技术发挥的是髌骨软骨病，其发生主要是由于滑步进攻与攻守、急停与踏跳上篮等局部训练过多所致，应引起注意。

预防的必要措施，是加强全面训练，避免单打一的训练方法，创造合乎标准的场地卫生条件，加强运动员的纪律教育及裁判工作。同时，应注意运动员的过度疲劳状态，以减少发生创伤的可能性。

2.足球运动事故

足球运动按国外记载，它是创伤发生率最高的运动项目之一。外伤程度，最轻的是擦伤，重的可以有骨折、脱位及内脏破裂。根据广东省体委医务室的资料，按影响训练的情况分类47.8%是轻伤，19%是中等伤，只有3.2%是重伤。

约86%的损伤是在四肢。损伤中除一般常见的擦伤及挫伤外，踝关节的扭伤最常见。其次是大腿前后肌肉拉伤、挫伤。膝关节损伤又次之。其中半月板撕裂，膝十字韧带撕断，髌骨骨折，髌骨软骨病等虽比较少见，但一旦发生，治疗却较困难。

某些资本主义国家的职业足球运动员，很多都已经切掉了半月板或髌骨。守门员因为经常扑球摔倒，所以很容易发生手腕及肘的创伤，因此，一般守门员都应穿线衣、带护肘和手套。

3.排球的运动事故

排球最常见的损伤部位是肩、膝和腰。肩以肩袖损伤肱二头肌腱腱鞘炎最多，多因肩部无力、扣空球或和球技术错误，一次或多次逐

渐引起。

在肩部，由于扣球多姿势不正确，还会引起肩胛上神经麻痹，出现冈下肌麻痹，多见于集训的运动员。膝伤以髌骨软骨病、股四头肌外侧头末端病及半月板骨折与棘突骨膜炎较多。

此外，“扣球”、“封网”、“救球倒地”，也可以发生背部、臀部的挫伤及上下肢其他关节韧带的捩伤或扭伤，其中指扭伤，骨折和脱位最常见。

因此，预防办法应注意改进错误的技术，遵循训练原则，改善场地卫生条件，使用厚护膝及护腰。在准备活动时，应特别注意肩、膝、腰、指及腕关节的活动。

篮球运动的损伤预防

篮球运动常见的损伤肌肉主要有：篮球运动是一项全身性的运动项目，跑、旋转都要调动全身的肌肉，包括组、小腿和躯干的肌肉。尤其是下肢的股四头肌和股后群的肌肉。垂直跳跃是十分关键的动作。预防篮球运动员的损伤策略有：

1.适当的热身

跳跃训练，固定自行车的训练、跑步、快走等帮助肌肉塑性，避免拉伤和其他的运动损伤。

2.运动前的观察

对场上运动员的位置有敏锐的观察能力，避免或减少冲撞的发生。

3.挑选合适的服装

适当舒适的合身的运动服装有助于运动避免运动损伤的发生。棉袜的吸水性好，同时对脚也有好的支持与保护，使用踝关节的支持带和护具可以减少踝关节的损伤发生率。

4.使用保护牙套

使用护牙齿套，可以增加对口腔和牙齿的保护。

此外，篮球运动员还应该懂得一些急救的知识方法，尤其是小损伤的最佳处理原则，包括运动的急性损伤的处理原则，RICE原则，即休息、冰敷、加压、抬高患肢。还有面部损伤、瘀血、小的肌腱拉伤处理。

排球运动的损伤预防

排球运动的损伤，主要集中在肩部、肘部和脚腕部，几乎每个打球超过半年的朋友都会遇到，那么对于“新手”即已经逐渐康复的“老手”该如何预防和提高抗病能力呢?

1.肩部

肩部最主要的受伤原因便是在用力击球时，“肘关节”超过了“肩关节”，使得：肩部肌肉和韧带被过分拉长，以出现肌肉拉伤的现象。

肩关节属于“球窝关节”，其稳定性和抗击力较差，以出现脱臼现象，于是，便会出现肩部肌腱炎等炎症。

但是，作为排球运动的运动规律来说，肘部高于肩部是扣球时肯定出现的情况，不可必免，于是我们只好首先做好预防工作。

预防工作的第一步，就是提高你的肩部的抗击力，方法是：竖直站立或者坐在椅子上，上身保持直立状态，用你发力的胳臂垂直于地面。拿一重物，重量为2.5kg至7.5kg，因人而异。随后，你的大臂保持不动，仍与地面成垂直状态；小臂向上弯起，肘关节成90度角；转动你的手腕，使拳眼向上；随后，使你的肘关节成为轴心，大臂仍不动，小臂旋内至腹部前！然后再恢复到起始的动作，这便完成了一次运动。

预防的第二步，就是在运动前，好好的给你的肩部，特别是发力扣球的一侧“拉伸”一下，方法是：例：若拉伸右肩，右臂伸直，右

肘屈曲，用左小臂桡骨处放在右大臂下端，左小臂微微用力，拉伸你的右肩膀，左肩同理。

2.肘部

肘部的伤病俗称“网球肘”，其根源是由于“腕部”活动太多而造成的。其导火索则是由于手腕处用力过猛，冲撞以及长时间的重复运动所造成的。其“病症”是肘部酸痛、刺痛、红肿、肱二、三头肌软弱无力。

预防方案：强化肌肉——小臂肌肉群

若愿意，打球时可以买副护腕，不仅保护手腕，而且也保护肘关节。

打球前的伸展——伸展小臂肌肉群——两臂伸直成“僵尸”状，之后手向下伸展小臂肌肉，15至20秒为宜。

3.脚腕部

人体关节中，脚腕部是最薄弱的，而且脚腕部位的力量和抗击力也是人体各个部位中最难以提高的地方之一。如果要想提高脚腕部的抗击力，只有从小腿后侧的腓肠肌和腓肠肌旁边的比目鱼肌着手。

锻炼腓肠肌和比目鱼肌以持重提踵为最好：双手各拿一重物，各7.5至15公斤，因人而异。提踵12至15次，共3至4组。

锻炼腓肠肌和比目鱼肌会相对提高你脚腕部的抗击力，但是不是直接预防的方法。直接预防的方法，只能是打球下落时多注意对方及队友的脚。一旦踩到，就地一个滚翻，最好买副“足果”在预防脚腕受伤的问题上，我们只好采取的方式就是将受伤达到最小化。一旦受伤，建议大家采取如下的紧急处理方法：保护受伤部位；休息，停止运动；冰敷受伤部位；包扎受伤部位；抬高受伤部位。

要注意的是，脚腕受伤后，人们通常会用土方法来治疗，其中有的方法会加重脚腕的伤势如热敷、用酒精摩擦、走动、按摩。

足球运动损伤的预防

1.肌肉拉伤

肌肉拉伤的部位通常在大腿后群肌、腰背肌、小腿三头肌、大腿内收肌群。肌肉拉伤后，会出现伤处疼痛、肿胀、压痛、肌肉紧张或痉挛，触之发硬的症状。

检查肌肉拉伤的方法是采用肌肉抗阻力收缩试验，肌肉拉伤较轻者有疼痛感局部肿胀、压痛症状;重者可致肌肉断裂，肿胀明显，皮下瘀血显著，肌肉出现收缩畸形。

2.关节韧带损伤

关节韧带损伤主要是由间接外力作用引起的一种闭合性损伤，损伤的部位通常在踝关节，膝关节，掌指关节等，关节韧带损伤后会出现局部疼痛，肿胀，局部有明显压痛，关节运动功能受到障碍等症状，检查韧带损伤的方法是采用关节侧搬试验。

（1）处理方法。比赛中关节韧带扭伤时，应立即冷敷，加压包扎，抬高伤肢并适当休息，以减轻出血和肿胀，24-48h后，拆除包扎，根据伤者情况可采用中药外敷，痛点药物注射，理疗和按摩等。

（2）预防。平时要注意加强关节周围肌肉力量和韧带柔韧性练习，提高关节的稳定性和活动的幅度，运动前要充分做好准备活动，注意加强保护

和自我保护，消除引起损伤的各种不利因素。

3.擦伤和撕裂伤

擦伤和撕裂伤对比赛和训练的影响并不算严重，往往最容易被忽视。出现此类情况最重要的是防治皮肤感染。对于创口浅、面积小的擦伤，可用生理盐水或凉开水洗净伤口，周围用70%酒精棉球消毒，创口上抹涂红汞或紫药水，不需要包扎即可。

创口内若有煤渣，细沙等异物，要用生理盐水或凉开水冲洗干净，用双氧水，周围皮肤用酒精棉球消毒，然后用凡士林纱条覆盖创面，再用消毒敷料包扎，对于皮肤撕裂伤，若伤口小，经止血，消毒处理后，用粘膏粘合即可，伤口大则需要缝合，必要时使用抗菌素治疗。

4.肌肉痉挛

肌肉痉挛是肌肉不自主的强直性收缩，在运动中以小腿腓肠肌最易发生。造成肌肉痉挛的最主要的原因是因运动量过大、肌肉疲劳;直接原因是因为出汗过多，体内电解质大量丢失所致，出现痉挛时，伴有肌肉僵硬，疼痛难忍久不缓解等症状。

（1）处理方法。解除肌肉痉挛的方法采用牵引痉挛肌肉，排除小腿腓肠肌痉挛时，应让患者仰卧或坐位，膝关节伸直。牵引患者足部，将患者足踝关节缓慢地背伸，此外配合局部按摩，点穴或针刺承山，委中穴等。

（2）预防。运动前充分做好准备活动，对易发生痉挛的肌肉，运动前适当按摩，在天气过热的时候应适当补充水、盐、维生素B_1、防止肌肉痉挛的出现。

5.关节脱臼

关节脱臼是因为外力作用使关节面之间失去正常连接关系的一种损伤形式，分为半脱臼和完全脱臼两种，前者是关节面部分错位，后者是关节面完全脱离原来的位置，严重的关节脱臼常伴有关节囊撕裂，关节周围韧带、肌腱及其附着组织的损伤，造成关节脱臼的主要原因是摔倒后的落地姿势不正确造成的。

（1）处理的方法。首先是止痛，抗休克。一旦发生脱臼，应嘱咐伤者保持安静，不要活动，更不可以揉搓脱臼部位。如脱臼部位在肩部，可把患者肘部弯成直角，再用三角巾把前臂和肘部托起，挂在颈上，再用一条宽带缠过脑部，在对侧脑打结，送医院就诊治疗。

6.骨折

骨折是足球运动中较为严重的损伤，主要发生在小腿腓骨，膝前膑骨、足外踝、肩锁骨等部位。分为两种：一种是皮肤不破没有伤口，断骨不与外界相通的闭合性骨折;另一种是骨头的尖端穿过皮肤，有伤口与外界相通的开放性骨折。

（1）处理方法。如在比赛中出现小腿骨折，应用两块有垫夹板放在小腿的内、外侧，两块夹板上至大腿中部，下至足部，用4至5条宽带分别在膝上、膝下和踝部缚扎固定。足踝部骨折，应取一块直角夹板置于小腿后侧，用棉花或软布在踝部和小腿下部垫妥后，用宽带分别在膝下、踝上和足跖部缚扎固定。颈椎骨折时，应使头部固定于伤后位置，不屈不伸不旋转，数人协力把伤员搬至木板上、头部两侧用沙袋或卷起的衣服固定，用数条宽带把伤员缚扎在木板上，严谨头颈左右旋转与屈曲。

（2）预防。运动前要充分做好准备活动，准备活动充分做开以后，关节的灵活性加大了有利于身体能更协调的开展各种技术运动作的练习，同时平时要加强保护与自我保护意识，如跳起以后落地时要适当的缓冲，倒地时要适当的做一些滚翻的动作，这些都是能够预防骨折的方法。

武术运动的伤害防护

武术运动损伤是指在武术运动过程中发生的各种损伤。它包括套路运动损伤和格斗运动损伤。

套路运动的常见损伤

1.开放性软组织损伤

（1）擦伤。是皮肤表面与粗糙的物体相磨擦而引起的皮肤表层损伤，主要征象为表皮剥脱，有少量出血和组织液渗出。如在做跪地动

作时，膝盖与地面发生摩擦而导致的擦伤。

（2）裂伤。是因钝器打击引起皮肤和软组织的撕裂，伤口边沿不整洁，组织损伤广泛，出血较多，严重者可导致组织坏死。如受刀、剑打击而引起的裂伤。

（3）刺伤。是因尖细物体刺进人体所致。其特点是伤口细小，但较深，可能伤及深部组织或器官，或者将异物带进伤口深处，轻易引起感染。如受梅花针攻击而刺伤。

（4）切伤。是因锐器切进皮肤所致。伤口边沿整洁，多呈直线，出血较多，但四周组织损伤较轻。深的切伤可切断大血管、神经、肌腱等组织。如受刀、剑砍、劈而引起的切伤。

2.开放性软组织损伤处理

（1）擦伤的处理。小面积的皮肤擦伤、污染不重者用红药水或紫药水涂抹即可，一般不需包扎。关节部位擦伤可在创面上涂抹消炎软膏并用纱布绷带包扎。大面积擦伤，污染较重者要用生理盐水冲洗伤口，将污物洗净，再用凡士林纱布绷带覆盖伤口，并以绷带加压包扎。

（2）裂伤、刺伤和切伤。轻者可先用碘酒或酒精将伤口四周皮肤消毒，然后在伤口撒消炎粉，用消毒纱布覆盖，加压包扎。小的裂口，伤口消毒后可用粘膏粘合。

裂口较长和污染较重者，应由医生做清创术，清除伤口内的污染和异物，切除失往活力的组织，彻底止血，缝合伤口。凡伤情和污染严重者，应口服或注射抗菌药物，预防感染。凡被不洁物致伤且伤口小而深者，应注射破伤风抗毒素1500至3000国际单位，预防破伤风的发生。

3.深部组织的闭合性损伤

挫伤人体某部遭受钝性暴力作用而引起该处及其深部组织的闭

合性损伤，称为挫伤，又称撞伤。如在对练过程中，被对方踢伤或打伤。

（1）单纯性挫伤。武术运动员常在徒手对练或在使用器械时，由于方法不正确或用力不协调而被击伤，受伤部位可发生在躯干，也可发生在四肢。根据受损的部位以及打击时气力的大小不同，其表现有所不同，以皮肤、皮下组织和肌肉挫伤最常见。

病理变化主要为皮肤，皮下组织受到损害，淋巴管与小血管破裂，部分肌纤维损伤或断裂，组织内有渗出液和出血。主要症状有疼痛、肿胀、压痛、局部皮肤青紫及功能障碍等。

（2）复杂性挫伤

挫伤的同时伴有四周重要组织或脏器损伤的称为复杂性挫伤，这是一种较为严重的损伤，如头部挫伤，轻者可发生脑震荡，严重者可有颅骨骨折或合并脑挫伤而危及生命；胸、背部挫伤可合并肋骨骨折或肺组织的损伤，形成气胸或血胸；腰、腹部挫伤可合并肾挫伤和肝、脾破裂而引起内出血和休克；挫伤可因剧烈疼痛而引起休克。

4、组织挫伤处理方法

挫伤在局部冷敷后外敷创伤药，加压包扎，抬高患肢，头部、躯干部。挫伤除一般挫伤处理外，还应留意观察有无合并症的存在，如有合并症出现，应立即进行相应的处理，待病情稳定后，马上送医院治疗。

套路运动损伤的预防

1.宣传运动损伤知识

要预防在武术运动中的损伤就要普及运动损伤知识，通过多种途径宣传运动损伤的知识，使教师能把握必要的运动损伤知识，并在运动损伤发生后能分析损伤的原因，采取预防措施，避免或减少运动损伤的发生。

2.认真制定练习计划

教练员应认真制定练习计划，充分了解每次练习内容中哪些技术动作不易把握，哪些技术动作轻易发生损伤，做到心中有数，事先采取预防措施。

3.合理安排运动量

要公道安排运动量，尤其要留意运动器官的局部负担量和伤后练习题目，避免单打的练习方法，防止局部负担过重。做好预备活动预备活动的内容和量应根据练习和比赛内容，以及运动员个体情况和天气条件而定。

4.认真做好预备活动

预备活动要充分，有针对性。做完一般性预备活动后，应做与该练习课主要内容相似的专项预备活动。对运动负担较大和易伤部位，要特别做好预备活动，在课中转项时，应补充做专项预备活动。当运动间歇时间较长时，运动前应再做预备活动，预备活动后与正式运动

的间隔时间，以及预备活动时间长短、强度大小等，直接影响预备活动的质量。

格斗运动出现的损伤

1.开放性软组织损伤

包括因机体表面与粗糙物磨擦而引起的皮肤表层损害；实战和比赛中由于身体碰撞和被击等引起的撕裂伤和鼻子出血。

2.闭合性软组织损伤

实战中被对方踢中、击中可引起挫伤；实战中由于肌肉主动收缩超过了负担能力或被动拉长超过了伸展性极限会引起肌肉拉伤；练习和实战中因动作不规范导致膝踝等关节急性损伤；运动员下肢动作快于躯干动作或肌力不足时，造成腰部急性损伤。

3.骨折与关节脱位

格斗运动由于对抗性强，可能会发生骨折和关节脱位。

4.休克

练习者在遭受体内、外各种强烈刺激所发生的严重全身性综合症。

格斗运动损伤的原因

1.内在因素

内在因素包括练习者身体条件和心理素质二方面。身体条件是指年龄、性别、性格、体力、体格、疾病、劳损、疲惫度、营养状况、关节的可动域、身体的柔韧性；心理素质是指性格、紧张度、兴奋度、竞争心等等。

2.外部因素

外部因素包括方法和运动量。对散打练习者来说，由于自身的体力、技术条件的限制，应该选择不同的练习手段；不适宜的练习方法、运动量过大、时间过长、频率过高，对普通学生来说均可导致运动损伤高发生率。

3.环境因素

环境因素包括自然环境和人工环境。自然环境包括季节，温度、湿度等等，如肌肉损伤频发于4、5、6月份，这是由于这几个月湿度大，日差温度较大的因素。

练习者使用劣质的器械、护具、以及故意犯规都会造成运动损伤；另外，练习者的服装和鞋子不适，场地不平都是造成运动损伤的隐患。

格斗运动损伤的预防

除了对每一类运动损伤进行预防外，尽量留意前述的各种损伤因素，想法减轻它们的危害性，格斗锻炼者要对以下诸点有充分的熟悉，以进步运动损伤的预防水平。

确切地说，练习者自身对运动损伤的防范心理与进步运动员技术水平和体力、调整竞争心理状态同样重要，而且有过之而无不及。

1.肌力练习

肌肉气力不够，协同或拮抗肌群肌力不平衡经常会造成损伤。

这在初习者中易发生，在有一定技术水平的练习者中，往往在停练过长时间，或动作生疏时也会发生。

2.预备活动

锻炼或比赛前的预备活动十分重要，它不但能使基础体温进步，深部肌肉的血液循环增加，肌肉的应激性上升，关节柔软性增大，还能调整赛前心理，减轻紧张感和压力感。

在大强度练习或比赛前，必须安排20至30分钟的预备活动，内容包括跑步、关节操、拉韧带等。

有些格斗锻炼者忽视剧烈练习前的预备活动，很轻易发生肌肉撕裂、跟腱断裂、腰痛等情况。

预备活动时间的是非应根据当日运动员状态加以控制，正式对抗

和平时锻炼预备活动的水平也不同，预备活动的项目包括基础部分和参加比赛时的特殊部分。

4.放松运动

放松运动是指在剧烈运动后通过放松运动使身体的体温、心率、呼吸、肌肉的应激反应恢复到日常生活水平。从预防损伤和长远的健身的角度来看这与预备活动同样重要。

根据不同内容的锻炼进行不同内容的放松运动，可防止在运动后出现肌肉酸痛以及损伤，使心率降低到安静时的水平，呼吸恢复到锻炼前的频率，而且对精神压力的解除也有很大的帮助。

5.自身保护

除了认真做好预备活动和放松运动外，也应该了解和懂得初步处理练习后肌肉酸痛、关节不适的方法。早期可做温水浴、物理疗法、自身推拿，假如疼痛继续或加重，应往医疗机构进行治疗。

6.安全环境

格斗锻炼时的用具、设备、场地及四周环境等在练习前都应进行严格的安全检查。假如在高低不平的软垫上练习时易发生踝关节的扭伤；运动护具的大小应适合练习者个人情况；女学生为防止不必要的损伤，项链、耳环等锐利物品在练习时不宜佩戴。

另外，还应根据个人选择服装、鞋具，如通常要求平底鞋，鞋底有一定的软硬度。光脚练习时应在垫子的保护下，或确认场地内无玻璃或金属钉之类物品后进行。

护具的使用可使运动损伤的发生率大大降低，但假如护具质量低劣，不配套或者已有破损，其防护功能会受到影响。防护器材主要保护的部位是头颅、耳、颈部、肾区、两肋、胸部、生殖区等，也包括肌肉少的部位、关节、大腿前部、牙齿等易受冲撞打击的部位，对抗练习应该养成使用护具的习惯。

体育活动中的自我防护

现代中小学生的独立意识逐渐增强，已经可以进行一定的正确判断与辨析，但还不善于进行自律与调控，他们对体育运动的安全要求比较熟悉。

但从总体上说，现代中小学生的运动安全防范知识与技能较差，安全防范意识不充分，防范意识不深刻，防护行为不规范，又不屑做或不能坚持做，对安全的进行体育运动缺少持之以恒的意志和毅力。如果他们忽视体育运动的安全防范，那么，体育运动中碰到危险，发生意外伤害是非常容易的事。

在中小学生的体育活动中，我们经常碰到这种现象，无论任何

运动，任何动作，学生们都想尝试，不畏恐惧。恐惧心理的产生是随年龄的增长、生活经验的积累、自我保护意识增强而增强的。年龄越小，恐惧感越弱，因为他不知道什么叫危险，如“初生牛犊不怕虎”就是这个道理。

因此，通过体育运动安全防范常识的学习，帮助学生树立安全观念，增强学生的安全认识、自律意识。学生只有了解体育运动安全防范基本常识，具备对危险的初步判断应变能力，才能够躲避危险。

掌握必要的体育运动安全防范知识与技能，提高自我保护能力，可以促进学生在体育运动中能够合理活动、科学锻炼。能够最大限度地预防运动事故的发生和减少安全事故事件对学生造成的伤害。

体育运动伤害发生的因素

1.认识不足

对运动伤害预防的重要性认识不足，未能积极有效地采取预防措施，或措施不当，及易导致运动伤害的发生。

2.准备活动不足

（1）不做准备活动就进行激烈的体育运动，及易造成肌肉损伤、肌腱扭伤，韧带拉伤等运动伤害；

（2）准备活动敷衍了事，在运动系统和神经系统的功能尚未达到适宜水平，就进行运动，易对器官功能造成伤害；

（3）准备活动内容不得当或准备活动过量，致使准备活动无效或身体功能有所下降。

3.心理状态不良

在体育运动中由于急燥，恐惧、害羞、麻痹、缺乏经验或不自量力，也容易导致伤害事故。

4.气候不宜

过高的气温和潮湿的天气，导致大量出汗失水；在冰雪寒冷的冬季易发生冻伤或其它伤害事故。

5.体质和素质不佳

身体素质低、体质弱，体育基础差，一时不能适应体育运动的需要，容易发生伤害事故。

6.行为不规范

违反体育运动规律、纪律、规定和要求，也是造成身体伤害事故的原因。

体育运动应注意的事项

1.检查自己的身体情况

参加体育活动，首先要了解自己的身体状况，要学会自我监督，随时注意身体功能状况变化，若有不良症状要及时向教师反映情况，采取必要的保健措施。切忌有心脏病或其他不适合参与体育活动的疾病而隐瞒病情，勉强参加活动。

学生有以下疾病或症状，禁止参加体育活动：体温增高的急性疾病；各种内脏急性的疾病；凡是有出血倾向的疾病，如肺及支气管咳血，鼻出血，伤后不久而有出血危险，消化道出血后不久等；恶性肿瘤；传染病及慢性疾病，如乙肝等。

患有心脏病、高血压等疾病的学生，禁止参加长跑等长时间剧烈运动的项目锻炼。

2.检查场地和器材

要认真检查运动场地和运动器材，消除安全隐患。要注意场地中的不安全因素，如场地是否平整，要清除石头土块；检查沙坑的松散度、是否有石子杂物等；检查体育设施是否牢固安全可靠，器材的完好度等。

3.做好运动准备

进行体育活动前要做好热身准备活动，那么为什么要做热身准备

活动呢？准备活动可以克服内脏器官在生理上的惰性，以减低运动伤害发生的机会。

如果突然进行剧烈运动，就会出现心慌、胸闷、肢体无力、呼吸困难、动作失调等现象。运动前不重视做准备活动或准备活动做得不充分、不正确、不科学，是引起运动损伤的重要原因；准备活动不充分，肌肉、内脏、神经系统机能不兴奋，肌肉供血量不足，在这样的身体状态下进行活动，动作僵硬、不协调，及易造成运动损伤，甚至导致伤害事故。

体育运动要讲科学

1.要掌握动作要领

在体育运动中，了解和掌握动作要领及方法，不仅能够在运动过程中发挥好技术动作，达到体育锻炼的目的，而且还能消除心理上的恐惧，增强自信心，避免不必要的伤害。

2.要正确使用器材

要了解熟悉掌握器材的性能、功能及使用方法。要严格遵守相关操作规程，在一些体育器械的使用中，要注意选择适当场地，确保自身安全，同时还要注意不要伤及他人安全。

3.运动负荷要适当

参加体育活动要根据身体素质条件，选择最有利于增强体质的运动负荷。可循序渐进，由易到难，从小到大。负荷过小，对身体作用不大；负荷过大，会损害身体；只有适宜的运动负荷，才能有效地增强体质，提高健康水平。

体育运动后要恢复

1.认真做恢复整理活动

做恢复整理活动的目的就是使人体更好的从紧张运动状态过渡到安静状态，使心脏逐渐恢复平静，放松身心。如果突然停止运动，就会造成暂时性的贫血，产生心慌、晕倒等一系列不良现象，对身心健康造成损害。

2.自我检查运动反应

如果感到十分疲劳，四肢酸沉，出现心慌、头晕，说明运动负荷过大，需要好好调整与休息。运动后经过合理的休息会感到全身舒服，精神愉快，体力充沛，食欲增加，睡眠良好，说明运动负荷安排比较合理。

3.运动后适当补充能量

参加体育运动要消耗大量的能量，所以在运动后要科学饮食，保证身体的需要，确保取得最佳的锻炼效果。

室外体育活动防护

经常要参加体育活动，可以增强体质，更好地学习文化知识，但要注意安全：

要在运动之前换上胶底运动鞋。运动鞋弹性大、摩擦力大，而塑料皮底的鞋又硬又滑，不适宜运动时穿。

要认真做好全身准备活动，否则肌肉拉伤、扭伤、骨折等都可能发生。

运动前，女孩子摘下发卡、塑料或玻璃饰物，男孩子不要在衣裤内装小刀等锋利物品。

要在教师或同伴的保护下做器械运动；如单杆、双杆运动时，严格按老师的要求去做，尤其是投掷标枪、铅球时，不能擅自投出或捡回，否则有可能被击中受伤，甚至危及生命。

一旦摔伤，不要急于起来，也不要乱搬动受伤同学，等校医或教师来处理。

夏天运动后不要喝凉水，可以喝些淡盐水，防止中暑；运动后及时擦净汗水穿好衣服，不要立即冲凉，以防感冒。饭前饭后及睡觉前不要做剧烈运动。

室内体育活动防护

在教室内活动，还有许多看起来细微的小事情值得同学们注意，否则，同样容易发生危险。这主要有以下几个方面：

1.防磕碰

目前大多数教室空间比较狭小，又置放了许多桌椅、饮水机等用品，所以不应在教室中追逐、打闹，做剧烈的运动和游戏，防止磕碰受伤。

2.防滑、防摔

教室地板比较光滑的，要注意防止滑倒受伤；需要登高打扫卫生、取放物品时，要请他人加以保护，注意防止摔伤。

3.防坠落

住楼房，特别是住在楼房高层的，不要将身体探出阳台或者窗外，谨防不慎发生坠楼的危险。

4.防挤压

教室的门、窗户在开关时容易掩手，也应当处处小心。

5.防意外伤害

尖锥、刀、剪等锋利、尖锐的工具，图钉、大头针等文具，用后应妥善存放起来，不能随意放在桌子上、椅子上，防止有人受到意外伤害。

体育锻炼前的安全措施

在健身过程中，人体内部会发生一系列的功能变化，这些功能变化一般可分为：锻炼前状态、锻炼中稳定状态、锻炼后的疲劳和恢复过程等几个阶段。掌握各阶段的规律，运用于身体锻炼的实践当中，对增强体质大有益处。

把握身体状况

在当日运动前，若出现如下症状，表明运动过于激烈或强度过大，应该中止或改换轻度运动：

睡眠不足。

有过度疲劳感。

宿醉酒后。

受强的精神刺激后。

感冒、痢疾或其它身体不适。

使用药物后。

环境条件的选择

在过热或过冷的环境条件下进行运动，对锻炼年轻人的意志与耐力会有积极的作用。但也存在着一定的危险，因此，运动时应注意时间段的选择。夏季应选择凉快的时间段进行运动，冬季则应在暖和的时间段参加运动。

锻炼时间的把握

一日中什么时间锻炼最适当呢？这个问题实际是运动与饮食的关系问题。结论是食后一段时间内应注意避开运动。其理由是：

1.刺激胃肠

若饱食后进行运动，会给胃肠带来机械性刺激，使胃肠内溶物左右上下振动，可引起呕吐、胃痉挛等症状。

2.血流分配紊乱

饱食后消化器官需要大量血液来消化吸收，当全身肌肉在运动时，也需要大量血液参与，于是就会夺取消化器官的血液量，导致消化吸收功能的紊乱，这种紊乱既影响运动效果又危害机体。

3.影响运动效果

人体进食后体内副交感神经受到抑制，此时若要锻炼，运动效果不显著。

另外，食后胰岛素分泌上升，可抑制脂肪的分解，能量的来源就会受到限制。据研究，强度运动可在食后两小时后进行，中度运动应在一小时后进行，轻度运动在半小时以后进行最合理。据此可以推出几个运动的时间段，如下所示：

早晨时间段：晨起至早餐前。

上午时间段：早餐后两小时至午餐前。

下午时间段：午餐后两小时至晚餐前。

晚间时间段：晚餐后两小时至睡前。

以上各时间段都有其特点及不利点，例如早晨时间段，人体进行强烈运动时，可促使交感神经兴奋起来，这种急速变化可使机体产生一系列的心理变化并影响全天精神状态，对健康有害。

另外这个时间内血糖正处于低水平上，运动能消耗大量的血糖，容易导致低血糖症状发生。而在上下午时间段运动时，则又受上班、工作、家务等客观方面的影响，而且，夏季里这些时间段又最热，因此也应看实际情况进行安排。

现代运动生理学的研究表明，人体体力的最高点和最低点受机体“生物钟”的控制，一般在傍晚达到高峰。比如，最大摄氧量的枯点在下午6时，心脏跳动和血压的调节以下午5至6时最为平衡，而机体嗅觉、触觉、视觉等也在下午5至7时最敏感。因此，傍晚锻炼的效果较高。

另外，人体在下午4至7时体内激素调整和酶的活性也处于良好状态，机体适应能力和神经的敏感性也最好。所以，专家们提倡傍晚锻炼，但在晚间时间段内，如进行高强度运动，也会使交感神经兴奋，从而妨碍入睡等。因此选择哪个时间段进行何种运动项目，应该根据每个人的具体情况及生活习惯进行合理安排。

做好准备活动

1.准备活动的目的

准备活动的目的在于能使机体逐步地进入运动状态，并在此基础

上通过进行各种预备练习，进一步提高中枢神经系统的兴奋性，并达到适宜水平，还能加强各器官活动和各功能活动的兴奋性，为机体正式进入运动状态起到预热作用。

2.准备活动的作用

做好准备活动可以促使代谢活动旺盛，提高机体呼吸及循环功能；利于氧气吸入及运输，提高氧在体内的利用率；提高体温，使肌肉、肌腱的供血充分，预防肌肉撕伤及肌腱断裂；增加关节的活动性和肌肉的柔韧性；促使身体内部各功能器官进入运动适应状态，有效预防运动创伤发生；充分发挥机体运动功能，提高运动效果和运动成绩。

3.准备活动的内容

准备活动一般有快走、慢跑及原地连续性徒手体操等全身性活动形式。这些活动能使四肢关节活动度加强，有助于一般性运动能力得到提高。

在此活动之后，最好再做一些与主项运动内容有关的模仿练习动作，这样可促使大脑皮质中的运动中枢兴奋性达到适宜水平，身体状态能做好充分的准备，从而提高运动效果。

准备活动持续时间的长短、强度的大小，应根据运动者年龄、身体情况、训练水平等作相关调整与正式运动之间有1至3分钟的间隔较为适宜，也可不休息直接进行锻炼，切忌准备活动后休息时间过长而失去作用。

体育锻炼中的安全措施

体育锻炼中的安全措施，最重要的是自我保护。由于锻炼的目的是维持和增进健康，因此尽量避免运动量过大的现象出现。下边是在体育锻炼中常见的几个症状。

晕厥的处理

在运动中常常会由于脑部缺血或脑血管痉挛，而引起的暂时性知觉丧失现象，称为晕厥。

1.原因

造成暂时脑缺血的原因较多，精神过分激动、有病参加运动、长

时间站立或久蹲后突然站起的情况下，都可能发生晕厥。

特别是在赛跑后立即停止不动，由于下肢毛细血管和静脉失去了肌肉收缩时对它们的节律性挤压作用，加上血液本身受到的重力影响，致使大量血液积聚在下肢舒张的血管中，造成回心血量和心输出量的减少，使脑部突然供血不足，就可引起晕厥，也称做“重力休克”。

2.征象

晕厥前，常伴有身体软弱，头昏、目眩、耳鸣、面色苍白等症状。晕厥后，手脚发凉，脉搏跳动缓慢而弱，血压降低，呼吸迟缓，恶心呕吐，意识模糊不清或丧失等。

一般轻度晕厥，休息片刻后，症状就会明显减轻。重度晕厥，身体和意识恢复要稍长一些时间，清醒后仍伴有头痛、头晕、精神不佳等症状。

3.处理

当晕厥症状出现后，应减轻或停止运动，进行慢走、蹲下或平卧休息，症状就可逐渐消失。如果晕厥比较严重，应让病员安静平卧，抬高足部，注意保暖，来加速回心血液流动，一般休息片刻后就可恢复，如果症状继续加重，应速请医生治疗。

4.预防

平时坚持锻炼身体，运动前要充分做好准备活动，运动时，量和强度要控制好。赛跑后要继续放松慢跑，并配合做深呼吸。身体虚弱或患病时不要参加较剧烈的运动。

肌肉痉挛的处理

肌肉痉挛，又称“抽筋”，是肌肉一种不自主的强直收缩。运动中最易发生痉挛的肌肉是小腿的腓肠肌，其次是足底屈拇肌和屈趾肌。

1.原因

（1）大量排汗。进行长时间剧烈运动时，特别是在夏季由于温度过高，身体会大量排汗，使体内氯化钠含量降低，就可引起肌肉痉挛。

（2）寒冷刺激。在温度较低的环境中运动，若准备活动不充分，肌肉突然受到冷空气的刺激时，就可能发生肌肉痉挛。

（3）肌肉收缩失控。肌肉连续收缩或长时间处于运动状态，容易使肌肉发生疲劳，引起肌肉痉挛。

2.征象

肌肉痉挛时，疼痛难忍。痉挛处肌肉坚硬或隆起，且一时不易缓解。

3.处理

牵引痉挛的肌肉，并配合局部按摩。按摩可采用重推、揉捏、叩打、点穴等手法，即可得到缓解。

4.预防

运动前要充分做好准备活动，容易发生肌肉痉挛的部位要适当做牵引并辅之以按摩。夏季运动时要适当补充盐分，冬季时要注意保暖。另外，当身体处于疲劳或饥饿时，不宜进行剧烈运动。

呼吸困难的应对

对于还未适应运动的人，在运动刚刚开始10分钟左右即感到呼吸困难，常使运动无法再继续下去。其大部分情况都是在呼吸、循环的氧气运输能力还没有充分提高之前，致使无氧供能的能量枯竭或血乳酸显著升高。

努力克服此症状，对运动锻炼是有一定意义的。此时可中止运动，休息数分钟使身体恢复平静状态之后，再接着从轻运动开始练习。

一般人只要运动强度不大，是可以顺利从无氧过程过渡到有氧过程的。10至20分钟的运动也能简单地完成。若在5分钟以内有呼吸困难症状者，可考虑该运动的强度过大，不适宜进行。

腹痛症状的处理

跑步中常发生的腹部疼痛症状，原因很多，但大多是由于运动和胃肠痉挛或肝脾淤血引起的。胃肠痉挛多由肠内储积废气所致，某些食物在胃肠道内发酵而产生一些废气，另外，进食过饱或过多饮用碳酸性饮料也能引起腹痛，再者是由于进食、进水、吞咽唾液时带入食管的冷空气刺激所致。

肝脾淤血引起的腹痛主要是以胀痛为主，这是由于机体进入运动状态后，循环器官功能没有立即适应，导致心搏量相对较少，引起静脉血在肝脾内一时性的淤滞。

当腹痛发生时，中止运动或减慢运动速度，即可自然消除疼痛症状。容易发生腹痛者，在日常生活中应注意调节食物结构，宜食用容易消化的营养食品，并养成每日早晨大便的习惯，还要有必要地控制运动前、运动中的碳酸性饮料的摄入量。

还要认真对待准备活动，使机体逐渐进入运动状态，在跑步中要掌握正确的呼吸方法，只用鼻呼吸而不用口呼吸，还要根据运动量来调整呼吸的节律及深度，总之，应避免腹痛发生，保证运动的顺利进行。

课间活动中的安全措施

课间活动是中小学生生活中的重要内容。课间休息时同学们都喜欢打打闹闹，来放松一下自己紧张的身心，但在游戏时不要忘记，要树立安全意识。每节课后的10分钟，同学们要合理安排休息时间，特别要注意安全，千万不要伤到自己或别的同学，发生一些不该发生的事故。

活动注意事项

课间活动时要注意一些安全事项：上下课通过过道和楼梯间时，不要拥挤、打闹和做恐吓同学的恶作剧，防止拥挤踩踏事故发生；课

间不要玩耍小刀、仿真枪等会伤及自己和他人的利物或玩具，更不能把管制刀具带入校内；课间运动不要太剧烈，不要追逐打闹，避免撞伤或摔伤，要做到文明休息，保持课堂精力旺盛。正确使用体育设施，没有保护措施的情况下不要在秋千、双杠、滑梯等设施上做危险动作，避免摔伤。

若学校有修建工地，不要到危险区域内玩耍；课间休息时，如有校外陌生人邀请外出，千万不要轻信，以防被人拐骗；如厕不要慌张、拥挤，防止地滑摔伤和发生拥挤踩踏事故；课间同学之间发生纠纷，要及时报告班主任或任课教师，把矛盾化解在萌芽状态，防止矛盾激化发生打架斗殴事件，造成不良后果。

游戏活动不要选择在楼梯口、教室门口、台阶上进行，最好去操场或户外空旷的地方。避开变压器、高压电线等危险地方，不要攀爬高墙、电线杆等。

科学的建议

同学们之间朝夕相伴，总免不了开一些玩笑来放松一下劳累的身心。但要注意了，嬉闹时应该注意分寸，不要玩过火。如果不注意分寸，就有可能引发意外事故，造成不必要的伤害。这不仅伤害到同学们的健康，还会影响到以后的交往。

课间不要做剧烈运动。首先会影响学习，这样会过度消耗同学们的精力，从而使上课时不能集中注意力去听老师讲课。其次还会影响健康，同学们正处于发育期，身体各个器官的发育还不完全，承受不住剧烈运动。所以在下课时要做一些适合自己的运动。

课间休息应到室外去。这样不仅可以呼吸到新鲜空气，还可以享受到温暖的阳光，有助于身体健康。

保证教室充分的通风换气，创造一个利于学习的环境。这样既有利于身心健康，还可免除细菌的干扰。

体育运动中损伤的处理

发生意外损伤的原因

运动性损伤是指在体育运动过程中所发生的损伤，青春期由于身心发育特点，非常容易发生运动损伤，如肌肉韧带损伤、挫伤、骨折、脱位、脑震荡、内脏破裂等。

在中小学生所受到的严重外伤中，因体育锻炼致伤的比例超过50%。其中球类运动和体操所引起的外伤较多，中小学生也比高中学生容易在体育锻炼中受伤。这是为什么呢?

首先，中小学生的大脑皮层容易兴奋，肌体容易疲劳，而注意力则不容易集中，肌体的协调、应变、平衡等功能的发育也不完善。

这样，在做一些难度较大的复杂动作时，就容易引起外伤。比如在单、双杠上做大摆动或做转体练习时，都要求注意力集中，身体的协调、平衡功能要好。

其次，中小学生活泼好动，好胜心强。有些人还没有掌握动作要领，就急于表现自己，甚至互相嬉戏或打赌比赛，结果因动作失误而受伤。

还有的学生进行体育锻炼时，因缺少保护而受伤。如练习鞍马、跳箱动作时，学生如果平时缺乏训练，助跑不够，腾起高度不够，换手不及时，此时若缺乏有效的保护，就会发生股骨、胫骨、会阴和下肢关节等部位的损伤。

又如练习吊环时，如果没有保护，就容易引起肘关节脱臼、前臂骨折和脑震荡等严重后果。

运动中外伤的简单处理

中小学生在运动中容易发生的外伤情形主要有几种：流血，骨折、脱臼、撞伤、挫伤、扭伤、戳伤等。大量出血的时候，应立即进行止血处理；如果怀疑是骨折，就应立即采取骨折的处理方法。

如果是轻度的撞伤或挫伤，可用冷湿布敷在疼痛或肿痛的部位。但如果撞伤严重，或是头、胸、腹等部位受到较大的撞伤，应特别注意，因为这有可能出现内出血或内脏损伤的危险。情节严重的体育运动外伤，都应在初步救护的同时向急救中心呼救或视情节送往医院救治。

运动中意外损伤的预防

要真正预防意外损伤就要加强身心素质的全面锻炼，提高身心对各运动项目的适应能力，特别是提高心理稳定和调节水平，消除紧张和急躁、粗心等心理现象。

做好充分的准备，特别是加强易受伤部位的锻炼和准备。掌握好技术动作要领，认真练习，按要求正确操作。

加强自我保护和相互保护意识，提高思想认识和应急意识，学会和熟练掌握自我保护的方法，如摔倒时立即屈肘、低头、团身，以肩背部着地，顺势翻滚，而不要直臂撑地。器械练习时特别要注意相互保护，如做单杠或跳马练习时。

运动前要进行场地器械及个人服装、鞋子等安全检查，并自我评估身心健康状况，如身体不适、情绪低落、心理紧张、技术掌握不良等，应停止或避免较高难度的体育锻炼项目。

NO6.运动安全急救常识

心肺脑复苏的操作方法

心脏停搏意味着死亡的来临。然而因急性原因所致的心脏停搏在一定条件下是可逆的，为使心跳、呼吸恢复的抢救措施称为心肺复苏。近年来，人们发现心肺复苏成功的关键不仅是呼吸和心脏的恢复，其重要的是中枢神经系统功能的恢复，而且只有脑功能的正常恢复才能称为完全复苏，因此有了心肺脑复苏。

心脑肺复苏的流程

1.心脏复苏

判定心跳是否停止，可摸伤员的颈动脉有无搏动，如无搏动，立即进行胸外心脏按压。实施胸外心脏按压时，伤员必须平卧，必要时还可将下肢抬高，以增加回心血量。伤员背部必须有坚实的地面或其他物体支持。主要步骤如下：

急救者用一只手的掌根部按在伤员胸骨中下1/3段交界处。另一只手压在该手的手背上，双手手指均应向上方翘起，不能平压在胸壁。

双肘关节伸直，利用体重和肩臂力量垂直向下挤压，使胸骨下陷4厘米左右。

略停顿后在原位放松，但手掌不能离开心脏定位点。

连续进行15次。心脏按压。

2.心脏复苏注意事项

（1）防治并发症。复苏并发症有急性胃扩张、肋骨或胸骨骨折。

肋骨软骨分离、气胸、血胸、肺损伤、肝破裂、冠状动脉刺破、心包压塞、胃内返流物误吸或吸入性肺炎等，故要求判断准确、监测严密，处理及时，操作正规。

（2）心脏按压与放松时间比例和按压频率。试验研究证明，当心脏按压及放松时间各占1/2时，心脏射血最多，获最大血液动力学效应。而且按压频率由60至80次分增加到80至100次/分时，可使血压短期上升60至70mmHg，有利于心脏复跳。

（3）心脏按压用力要均匀，不可过猛。按压和放松所需时间相等。每次按压后必须完全解除压力，胸部回到正常位置；心脏按压节律、频率不可忽快忽慢，保持正确的挤压位置；心脏按压时，观察伤员反应及面色的改变。

3.人工呼吸

应先保持伤员的呼吸道通畅，一手压迫于伤员前额保持头部后仰，同时以拇指和食指将伤员的鼻孔捏闭，另一只手托下颌。

将伤员的口张开，急救者深吸一口气，吸毕对准伤员口部用力吹人。

看伤员胸部起伏方为有效。

脱离伤员口部，放松捏鼻孔的拇指、食指，看胸廓复原。

感到伤员口鼻部有气呼出。

连续吹气两次，使伤员肺部充分换气。

4.人工呼吸的注意事项

人工呼吸一定要在气道开放的情况下进行。

向伤员肺内吹气不能太急太多，仅需胸廓隆起即可，吹气量不能过大，以免引起胃扩张。

吹气时间以占一次呼吸周期的1/3为宜。

心肺脑复苏有效的表现

1.颈动脉搏动

心脏按压有效时，可随每次按压触及一次颈动脉搏动，测血压为53／8kPa以上，提示心脏按压方法正确。若停止挤压，脉搏仍然搏动，说明病人自主心跳已恢复。

2.面色转红润

复苏有效时，病人面色、口唇、皮肤颜色由苍白或暗紫好转度红润。

3.意识渐恢复

复苏有效时，病人昏迷变浅，眼球活动，出现挣扎，或给予强刺激后出现保护性反射活动，甚至手足开始活动，肌张力增强。

4.出现自主呼吸

应注意观察，有时很微弱的自主呼吸不足以满足肌体供氧需要，如果不进行人工呼吸，则很快又停止呼吸。

5.瞳孔变小

复苏有效时，扩大的瞳孔变小，并出现对光反射。做心肺脑复苏时，必须经常观察瞳孔，瞳孔缩小是治疗有效的最有价值而又十分灵敏的征象。如果扩大的瞳孔通过复苏仍未缩小，通常说明复苏无效。

外伤出血的止血方法

外伤出血分为内出血和外出血。内出血主要到医院救治，外出血是现场急救重点。

现场止血方法常用的有五种，使用时要根据具体情况，选择其中的一种，也可以把几种止血法结合应用，以达到最快、最有效、最安全的止血目的。

指压动脉止血法

适用于头部和四肢某些部位的大出血。方法是：用手指压迫伤口近心端动脉，将动脉压向深部的骨头，阻断血液流通。这是一种不要任何器械、简便。有效的止血方法，但因为止血时间短暂，常需要与其他方法结合进行。

1.头面部指压动脉止血法

指压颗浅动脉，适用于一侧头顶、额部、额部的外伤大出血。在伤侧耳前，用一只手的拇指对准下颌关节压迫领浅动脉，另一只手固定伤员头部。

指压面动脉，适用于面部外伤大出血。用一只手的拇指和食指或拇指和中指分别压迫双侧下颌角前约1厘米的凹陷处，阻断面动脉血流。因为面动脉在面部有许多小支相互吻合，所以必须压迫双侧。

指压耳后动脉，适用于一侧耳后外伤大出血。用一只手的拇指压迫受伤一侧耳后乳突下凹陷处，阻断耳后动脉血流，另一只手固定伤员头部。

指压枕动脉，适用于一侧头后枕骨附近外伤大出血。用一只手的四指压迫耳后与枕骨粗隆之间的凹陷处，阻断枕动脉的血流，另一只手固定伤员头部。

2.四肢指压动脉止血法

指压肱动脉，适用于一侧肘关节以下部位的外伤大出血。用一只手的拇指压迫上臂中段内侧，阻断肱动脉血流，另一只手固定伤员手臂。

指压挠、尺动脉，适用于手部大出血。手指分别压迫伤侧手腕两侧的挠动脉和尺动脉，阻断血流。因为挠动脉和尺动脉在手掌部有广泛的合支，所以必须同时压迫双侧。

指压指动脉，适用于手指、脚趾大出血。用拇指和食指分别压迫手指、脚趾两侧的动脉，阻断血流。

指压股动脉，适用于一侧下肢的大出血。用两手的拇指用力压迫伤肢腹股沟中点稍下方的股动脉，阻断股动脉血流。伤员应该处于坐位或卧位。

指压胫前、后动脉，适用于一侧脚的大出血。用两手的拇指和食指分别压迫伤脚足背中部搏动的胫前动脉及足跟与内踝之间的胫后动脉。

直接压迫止血法

适用于较小伤口的出血。方法是：用无菌纱布直接压迫伤口处，

压迫约10分钟。

加压包止血法

适用于各种伤口。方法是：先用无菌纱布覆盖压迫伤口，再用三角巾或绷带用力包扎，包扎范围应该比伤口稍大。这是一种目前最常用的止血方法，在没有无菌纱布时，可使用消毒卫生巾或餐巾等代替。

填塞止血法

适用于较大而深的伤口。方法是：先用镊子夹住无菌纱布塞入伤口内，如一块纱布止不住出血，可再加纱布，最后用绷带或三角巾绕至对侧包扎固定。

止血带止血法

止血带止血法适用于四肢大出血，其他止血法不能止血时才用此法。止血带有橡皮止血带、气性止血带，和布制止血带。其操作方法各不相同。

1.橡皮止血带

左手在离带端约10厘米处由拇指。食指和中指紧握，使手背向下放在扎止血带的部位，右手持带中段绕伤肢一圈半，然后把止血带塞人左手的食指与中指之间，左手的食指与中指紧央一段止血带向下牵拉，使之成为一个活结。

2.气性止血带

常使用血压计袖带，操作方法比较简单，只要把袖带绕在扎止血带的部位，然后打气至伤口停止出血。

(1)部位。上臂外伤大出血应扎在上臂上1/3处；前臂或手大出血应扎在上臂下处，不能扎在上臂的中1/3处，因该处神经走行贴近肱骨，易被损伤；下肢外伤大出血应扎在股骨中下1/3交界处。

(2)衬垫。使用止血带的部位应该有衬垫，否则会损伤皮肤。止血带可扎在衣服外面，把衣服当衬垫。

(3)松紧度。应以出血停止、远端摸不到脉搏为宜。过松达不到止血目的，过紧会损伤组织。

(4)时间。一般不应超过5小时，原则上每小时要放松1次，放松时间为10至15分钟。

(5)标记使用。使用止血带者应有明显标记，可贴在前额或胸前易发现部位、写明时间。如立即送往医院，可以不写标记。

3.布制止血带。

将三角巾折成带状或将其他布带绕伤肢一圈，打个蝴蝶结；取一根小棒穿在布带圈内，提起小棒拉紧，将小棒依顺时针方向绞紧，将绞棒一端插入蝴蝶结环内，最后拉紧活结，并与另一头打结固定。

不要长时间用绷带结扎，应每隔1小时左右放松10至15分钟，以防通端肢体缺血坏死。

不久前，某县一名30多岁的女子搭乘一辆出租车。细心的出租车司机王师傅突然发现，女乘客双手腕部各有一道利器割伤的伤口，鲜血直流。见状，他一边用手压住伤口帮该女子止血，一边迅速报警。

公安人员接到报案后，迅速通知了120急救中心。120急救医生赶到现场后，迅速冲上去救治。经医生检查发现，女子双手腕部伤口长约3至5厘米，伴有活动性出血。幸运的是，由于止血及时，而且未伤到肌膨，该女子没有生命危险。

掌握简单的止血技术，不仅对自己有利，而且也能够帮助他人。

运动骨折及固定的方法

骨折的判断

看受伤部位的外形有没有变化，多数骨折受伤部位的外形都会有些改变。

1.头骨碎裂

头骨碎裂，尤其受到重物打击，头骨会出现凹陷，这是“颅骨凹陷性骨折”。如凹陷很厉害，还会压迫大脑，使脑损伤。

2.四肢骨折

四肢骨折，断骨分离，还发生错位，会发现伤肢缩短、弯曲，甚至折成一个角度。

骨头折断一定会痛，伤处还会肿起，但要注意伤处不能动，移动后会引发剧痛。病人自己一动断骨，会感觉出一种断骨之间互相摩擦的声音医生称它为“骨擦音”，这也是骨折所特有的征象。

骨折急救要点

1.处理伤口

对于出血伤口或大面积软

组织撕裂伤，应立即用急救包、绷带或清洁布等予以压迫包扎，绝大多数可达到止血的目的。有条件者，在包扎前先用双氧水和凉开水清洗伤口，再用酒精消毒，作初期清创处理。

对伤口处外露的骨折断端、肌肉等组织，切忌把它们送回伤口内，因为已被污染，会将细菌和异物带进伤口深部而引起化脓性感染。如有条件，可用消毒液冲洗伤口后，再用无菌敷料或干净布暂时包扎，送到医院后再作进一步处理。

2.固定断骨

及时正确地固定断骨，可减少伤者的疼痛及周围组织的继发损伤，同时也便于伤者的搬运和转送。

固定断骨的工具可就地取材，如棍、树枝、木板、拐杖、硬纸板等都可作为固定器材，但其长短要以固定住骨折处上下两个关节或不使断骨处错动为准。

3.适当止痛

骨折会使人疼痛难忍，特别是有多处骨折，容易导致伤者发生疼痛性休克，因此，可以给伤者口服止痛片等止痛处理。

4.安全转运

经过现场紧急处理后，应将伤者迅速、安全地转运到医院进一步救治，转运过程中要注意一些基本事项。

转运伤者过程中，要注意动作轻稳，防止震动和碰撞伤处，以减少伤者的疼痛。同时还要注意伤者的保暖和适当的体位，昏迷伤者要保持呼吸道畅通。

上肢骨折急救

1.上臂骨折

上臂只有一根骨头，名叫“肱骨”。人在跌倒时手或肘着地，暴力直接冲击在上臂上面，或者人在投掷时用力过大过猛，都有可能使

防骨承受不了，发生断裂。

（1）边牵引，边放好伤肢的位置。牵引的做法是：一手握住前臂近肘弯处，另一手握住患者的手腕。握前臂的一手，慢慢地用力，往下的方向拉。

拉时，必须顺着伤肢原来的位置成一条直线，切不可猛然拉动。握住病人手腕的一手，要逐渐把前臂一点点地弯曲，使患者的前臂弯成直角，并使上臂渐渐向身体靠拢，病人伤肢手心紧贴胸壁。

这样做，伤肢不会痛，且能放在合适的位置上。固定包扎时，要一直保持这种姿势。

（2）用夹板固定伤肢。用两块夹板把伤肢夹在中间，使伤肢不能活动。夹板最好有长短多种，按病人上臂长度来选用。为了贴住伤处不痛，每块夹板贴住伤肢的一面，最好放上棉花垫或旧布块，外用绷带或布条缠好。没有夹板，树枝、木棍、雨伞等，都可代用。

2.前臂骨折

发生前臂骨折，多因受到外力的直接冲击，或跌倒时手掌着地引起。

（1）牵引。一手握住病人的上臂，顺着前臂的方向往上拉；另一手拉住病人的手，顶着前臂的方向向下拉。拉时要缓慢而轻，逐渐加力，使两头断骨离开。前臂伸直之后可以固定。

（2）夹板固定。用宽约8厘米，长约46厘米的两块薄木片，两板各裹上棉花。一块放在前臂的手心面，一块夹在前臂手背面，两块夹板把整个前臂夹住，两块三角巾折成宽条，把夹板捆住。接着一手捏住上臂，另一手握住两块夹板，轻轻将前臂放平，手心贴胸，手应略高于肘。用宽三角巾把前臂悬挂在颈项上。

如果一时找不到木片，可用书报代替。找几张报纸或几本杂志，用这些书或报围住前臂，一头从肘弯以内起，另一头包到手指，用三角巾把它捆好，再用大三角巾把前臂悬吊在颈上。注意点和用夹板固定法相同。

3.手腕骨折

常见的腕部骨折从侧面看，整个手腕不是平直的，成锅铲状畸形；此外，还有肿、痛，腕关节不能活动。牵引和固定的方法，和前臂骨折相同。

（1）牵引。一手握腕、不动，另一手捏住伤指远端，顺着手指方向轻轻拉开。然后找干净棉花或柔软布块，揉成拳头大小的一团，外面包上一块干净布片，让伤指轻轻握住，将伤手用绷带包扎起来。

（2）固定。以三角巾兜住前臂，悬吊在颈项上。但要注意手心朝地，伤手高于肘。

下肢骨折急救

1.大腿骨折

大腿骨，医生叫它股骨。跌伤、暴力打击或者受车辆撞击等，都可引起股骨骨折。

（1）牵引。一手先托住伤腿足跟；另一手拉住足背，顺着大腿方向牵拉伤腿，用力要大，但须缓慢，一点点地加力，要移动它，必须用所不的万式做牵引：双手托住伤肢的脚脖和脚背，用力拉向自己。

如果要提起伤腿，除了一人牵引，还需要有一人在大腿下面和小腿肚处托住，然后再提起。

（2）夹板固定。先将伤腿伸直，和健肢并拢，两肢碰在一起。用4至7块三角巾或宽布条，一条放在心口处，一条放在大腿根，一条放在膝盖，一条在小腿。三角巾都要摊平，压在身子下面，两头在身子两旁外露。

找两块窄长木板条。每块木板的一头用棉花垫包住。长的一块塞人腋窝，短的一块塞人胯下。

两块木板，正好夹住大腿的内外两面。如没有两块木板，有长的一块也可，但需多一块三角巾，把双足捆绑在一起。

用几块棉花垫，塞在肢体旁和脚脖处，以免突出的骨块相碰产生疼痛。接着，分别给每块三角巾的两头打结，固定夹板。

（3）搬运。找三个人，并排单腿跪地，跪在病人同一边的身旁。一人托头和上背；一人托腰和臀部；一人托住大腿和小腿。一齐起立，一起放下，将病人仰放在担架上，然后抬送至医院。

2.小腿骨折

外力打击或从高处跌下时脚着地，或者脚着地后猛力一扭，都能引起小腿骨折。

（1）牵引方法和大腿骨折相同。

（2）夹板固定。找一块长木板条，一面垫上棉花或衣服，外缠布条，用来贴在伤腿的外方或下方，夹板的一头放到大腿上部，另一头放到足跟。

用四条三角巾分别放在大腿，膝盖上、下方，脚脖子上方，连腿带夹板一齐扎紧，注意固定带放置的位置，一条在脚脖，另在膝关节的上下各一条，再在大腿根处放一条，一共四条。夹板外面要用布块或软毯裹住。

如用两块夹板，夹住伤肢的内外两面，这样，更牢靠，更结实。

（3）运送。病人应该仰卧在担架上，运送至医院。

伤口的包扎止血方法

包扎的目的是保护伤口、减少污染、固定敷料和帮助止血。无论何种包扎法，均要求包好后固定不移动和松紧适度，并尽量注意无菌操作。用绷带如何对伤口进行包扎。

环形包扎法

绷带卷放在需要包扎位置稍上方，第一圈作稍斜缠绕，第二、三圈做环行缠绕，并将第一圈斜出的绷带角压于环行圈内，然后重复缠绕，最后在绷带尾端撕开打结固定或用别针、胶布将尾部固定。

螺旋反折包扎法

先做两圈环行固定，再做螺旋形包扎，待到渐粗处，一手拇指按住绷带上面，另一手将绷带自此点反折向下，此时绷带上缘变成下缘，后圈覆盖前圈1/3至2/3。此法主要用于粗细不等的四肢：如前臂、小腿或大腿等的受伤包扎。

头顶双绷带包扎法

将两条绷带连在一起，打结处包在头后部，分别经耳上向前于额部中央交叉。然后，第一条绷带经头顶到杭部，第二条绷带反折绕回到枕部，并压住第一条绷带。第一条绷带再从杭部经头顶到额部，第二条则从杭部绕到额部，又将第一条压住。如此来回缠绕，形成帽状。

用三角巾包扎法

三角巾制作简单。方便，分为普通三角巾和带式三角巾，燕尾式三角巾，包扎时操作简捷，且几乎能适应全身各个部位。目前军用的急救包，体积小，能防水。

1.三角巾的头面部包扎法

（1）三角巾风帽式包扎法。适用于包扎头顶部和两侧面、枕部的外伤。先将消毒纱布覆盖在伤口上，将三角巾顶角打结放在前额正中，在底边的中点打结放在枕部，然后两手拉住两底角向下颌包住并交叉，再绕到颈后的枕部打结。

（2）三角巾帽式包扎法。先用无菌纱布覆盖伤口，然后把三角巾底边的正中点放在伤员眉间上部，顶角经头顶拉到脑后枕部，再将两底角在枕部交叉返回到额部中央打结，最后拉紧顶角并反折塞在枕部交叉处。

（3）三角巾面具式包扎法。适用于面部较大范围的伤口，如面部烧伤或较广泛的软组织损伤。方法是把三角中一折为二，顶角打结放在头顶正中，两手拉住底角罩住面部，然后两底角拉向枕部交叉，最后在前颌部打结。在眼、鼻和口处提起三角巾剪成小孔。

（4）单眼三角巾包扎法。将三角巾折成带状于1/3处盖住伤眼，下2/3从耳下端绕经枕部向健侧耳上额部并压上上端带巾，再绕经伤侧耳上，枕部至健侧耳上与带巾另一端在健耳上打结固定。

（5）双眼三角中包扎法。将无菌纱布覆盖在伤口上，用带形三角巾从头后部拉向前，从眼部交叉，再绕向枕下部打结固定。

（6）下颌、耳部、前额或颈部小范围伤口三角巾包扎法。先将无菌纱布覆盖在伤部。将带形三角巾放在下颌处，两手持带巾两底角，经双耳分别向上提，长的一端绕头顶与短的一端在额部交叉，然后将短端经枕部、对侧耳上到领侧与长端打结。

2.上肢三角巾包扎法

先将三角巾平铺于伤员胸前，顶角对着肘关节稍外侧，与肘部平行，屈曲伤肢，并压住三角巾，然后将三角巾下端提起，两端绕到颈后打结，顶角反折用别针扣住。

3.肩部三角巾包扎法

先将三角巾放在伤侧肩上，顶角朝下，两底角拉至对侧腋下打结，然后急救者一手持三角巾底边中点，另一手持顶角，将三角巾提起拉紧，再将三角巾底边中点由前向下、向肩后包绕，最后顶角与三角巾底边中点于腋窝处打结固定。

4.腋窝三角巾包扎法

先在伤侧腋窝下垫上消毒纱布，带巾中间压住敷料，并将带巾两端向上提，于肩部交叉，并经胸背部斜向对侧腋下打结。

不要马虎包扎小而深的伤口，否则会使伤口缺氧，导致破伤风杆菌等厌氧菌生长。应清创消毒后再包扎，并到医院注射防感染药品。

伤员的搬运送医方法

搬运伤员的方法是院外急救的重要技术之一。搬动的目的是使伤员迅速脱离危险地带，纠正当时影响伤员的病态体位，减少痛苦，减少再受伤害，安全迅速地送往理想的医院治疗，以免造成伤员残废。搬运伤员的方法，应根据当地、当时的器材和人力而选定。

特殊伤员搬运

1.脊柱、脊髓损伤伤员的搬运

遇有高空坠落、车祸等严重损伤和怀疑颈椎、腰椎损伤的伤员时，不可随意搬运或扭曲其脊柱。应多人用手臂共同将其平行搬运至水平木板上，注意必须托住颈、腰、臀和双下肢。

2、颅脑损伤伤员的搬运

颅脑损伤者常有脑组织暴露和呼吸道不畅等表现。搬运时应使伤员取半仰卧位或侧卧位，使呼吸道保持通畅。颅脑损伤常合并颈椎损伤，搬运时须注意保护其颈椎。

3.腹部伤伤员的搬运

伤员取仰卧位，下肢屈曲，防止腹腔脏器受压而脱出。此类伤员宜用担架或木板搬运。

4.胸部伤伤员的搬运

胸部受伤者常伴有开放性血气胸，需进行包扎，以坐椅式搬运为宜，伤员取坐位或半卧位。有条件者最好用坐式担架、靠背椅或将担架调整至靠背状。

5.昏迷伤员的搬运

伤员取平卧位，垫高背部，头稍后仰，如有呕吐，须将其头朝向一侧，或采用脚高头低位，搬运时用普通担架即可。

6.呼吸困难伤员的搬运

伤员取坐位，不能背驮。用软担架、床单、被褥、搬运时，注意不能使伤员躯干屈曲。如有条件，最好用折叠担架或椅子搬运。

搬运注意事项

如果事故现场有再次发生伤害的危险，如交通流量大的路口、煤气外泄的房子等，需要立即将伤员搬运至远离事发点的安全区域。

在现场较安全时，需对伤员进行止血、包扎、固定等处理。

救助者在器材未准备妥当时，切忌搬运伤员，尤其是搬运体重过重或神志不清者。否则，途中可能发生滚落、摔伤等意外。

在搬运过程中要随时观察伤员的状态，如面色、呼吸等。

搬运时尽量避免碰到伤口，以减少感染。

在车载搬运过程中，应使伤员的脚朝车行方向，头朝车行的相反方向。

器械搬运方式

器械搬运是指用担架包括软担架等现代搬运器械，或者因陋就

简，利用床单、被褥、靠背椅等作为搬运工具的一种搬运方法。在使用器械搬运伤员时应注意一些事项。

1.担架搬运

此法是现场急救最常用的搬运方法。保持伤员足部向前、头部向后，以便在后面抬担架的人观察伤员。伤员抬上担架后必须扣好安全带，以防止翻落或跌落。向高处抬时，前面人要将担架放低，后面人要抬高，使伤员保持水平状态；向低处抬时则相反。

2.床单、被褥搬运

遇有窄梯、狭道，担架或其他搬运工具难以搬运，或遇寒冷天气，徒手搬运会使伤员受凉，这时可采用此法。取一条结实的被单、被褥、毛毯也可，平铺在床上或地上，将伤员轻轻地搬到被单上。救助者面对面紧抓被单两角，脚前头后(上楼则相反)缓慢移动，搬运时有人托腰则更好。这种搬运方式容易造成伤员肢体弯曲，故有胸部创伤、四肢骨折、脊柱损伤以及呼吸困难的伤员不宜用此法。

3.椅子搬运

楼梯比较狭窄或陡直时，可用牢固的靠背椅作为工具搬运伤员。伤员采用坐位，并用宽带将其固定在椅背上。两个救助者一人抓住椅背，另一人紧握椅脚，然后以45°角向椅背方向倾斜，缓慢地移动脚步。失去知觉的伤员不宜用此法。

图书在版编目（CIP）数据

校园健身类活动指导手册 / 温红青编著. -- 长春 : 吉林出版集团有限责任公司, 2013.11(2020.11重印)
ISBN 978-7-5534-3309-7

Ⅰ. ①校… Ⅱ. ①温… Ⅲ. ①健身运动－青年读物 ②健身运动－少年读物 Ⅳ. ①G883-49

中国版本图书馆CIP数据核字(2013)第226669号

校园健身类活动指导手册

温红青 编著

出 版 人：齐 郁
责任编辑：孙 婷
封面设计：大华文苑（北京）图书有限公司
版式设计：大华文苑（北京）图书有限公司
法律顾问：刘 畅
出 版：吉林出版集团股份有限公司
发 行：吉林出版集团青少年书刊发行有限公司
地 址：长春市福祉大路5788号
邮政编码：130118
电 话：0431-81629800
传 真：0431-81629812
印 刷：北京兴星伟业印刷有限公司
版 次：2013年11月 第1版
印 次：2020年11月 第3次印刷
字 数：158千字
开 本：710mm×1000mm 1/16
印 张：12
书 号：ISBN 978-7-5534-3309-7
定 价：35.00元